DCE: Sicherheit für die Praxis

Springer
*Berlin
Heidelberg
New York
Barcelona
Hongkong
London
Mailand
Paris
Singapur
Tokio*

Horst Mehl

DCE: Sicherheit für die Praxis

Mit 33 Abbildungen

Springer

Dr. Horst Mehl

Swisscom AG
Postfach
CH-3029 Bern

E-mail: Horst.Mehl@swisscom.com

ISBN-13:978-3-540-64527-6   e-ISBN-13:978-3-642-72227-1
DOI: 10.1007/978-3-642-72227-1

Die Deutsche Bibliothek – CIP-Einheitsaufnahme

Mehl, Horst: DCE: Sicherheit für die Praxis / Horst Mehl. - Berlin ; Heidelberg ;
New York ; Barcelona ; Hongkong ; London ; Mailand ; Paris ; Singapur ; Tokio ;
Springer, 1998
    ISBN-13:978-3-540-64527-6

Herstellung: PRO EDIT GmbH, D-69126 Heidelberg
Umschlaggestaltung: design & production GmbH, D-69121 Heidelberg
Satz: Reproduktionsfertige Autorenvorlage
SPIN: 10679209   45/3142-5 4 3 2 1 0 - Gedruckt auf säurefreiem Papier

Vorwort

Was ist DCE?

DCE (Distributed Computing Environment) ist eine herstellerneutrale Middleware der *Open Software Foundation (OSF)*. Von vielen großen Computerfirmen als Produkt angeboten, bietet DCE eine Reihe von Diensten, die die Programmierung verteilter Anwendungen auf heterogenen Rechnernetzen erleichtert. Die durch DCE bereitgestellten Dienste lassen sich grob in vier Bereiche einteilen: Sicherheitsdienste, Kommunikation, Zeitsynchronisierung und verteilte Datenhaltung.

In diesem Buch steht vor allem der erstgenannte Bereich – die mit DCE in heterogenen Systemen umsetzbare applikatorische Sicherheit – im Vordergrund. Dieser Aspekt wird ausführlich motiviert und diskutiert. Sofern eine vollständige Sicherheitsarchitektur auch Kommunikations- und Synchronisierungsunterstützung benötigt, werden diese Bereiche ebenfalls angesprochen. Auf die in DCE prinzipiell mögliche Unterstützung verteilter Datenhaltung (verteiltes Dateisystem, Unterstützung von Rechnern ohne Platten) wird hier nicht eingegangen.

Warum ein Buch über DCE?

Es gibt bereits eine Reihe von Büchern, die die in DCE enthaltenen Konzepte beschreiben. Wozu also noch eines mehr? Dieses Buch unterscheidet sich von vielen anderen darin, daß es aus der industriellen *Praxis* entstanden ist.

Auslöser des vorliegenden Buches war die Anforderung, für ein großes Unternehmen eine von mehreren verschiedenen Betriebssystemen (hier Windows 95, Windows NT, UNIX und OS/390) unterstützte *Sicherheitsarchitektur* zu entwickeln. Zu diesem Zweck konnte keines der auf den Betriebssystemen jeweils lokal verfügbaren Sicherheitssysteme direkt verwendet werden, da diese nicht zum betriebssystemübergreifenden Einsatz konzipiert sind. So gibt es beispielsweise RACF auf OS/390-Rechnern, aber nicht auf Windows-95- oder NT-Systemen. Umgekehrt gibt es auf NT-Systemen ein NT-basiertes Sicherheitssystem, das jedoch nicht auf Großrechnern verfügbar ist, etc. Die Entscheidung fiel schließlich auf den Einsatz von DCE. Damit wurde eines der wenigen kommerziellen Produkte gewählt, das wirklich übergreifend auf mehreren Betriebssystemen einsetzbar, weitverbreitet und zudem noch standardisiert ist.

Mit der Entscheidung für DCE war jedoch erst die Grundlage für ein Sicherheitssystem gelegt, und die eigentliche Arbeit stand noch bevor. Das letztlich einzuführende DCE-System mußte im Detail (bezüglich Aufbau, Infrastruktur, Namenskonzept, Betriebsaspekten usw.) noch präzisiert werden, bevor mit der Einführung und dem Betrieb von DCE ein effektives Sicherheitssystem zur Verfügung stand. Hierüber gibt es jedoch kaum weiterführende Literatur, aus der man ersehen könnte, wie andere Firmen dies gemacht haben. Dabei würde genau das den Aufbau eines guten eigenen DCE-Systems erheblich vereinfachen und beschleunigen. Das vorliegende Buch versucht, diese Lücke zu schließen. Die aus der realen Praxis entstandenen technischen und betrieblichen Überlegungen einschließlich der Entscheidungen und Maßnahmen vor und bei der Einführung von DCE werden wiedergegeben. Die Erfahrungen und Tests und vor allem der technische Aufbau der für diese Firma entwickelten DCE-Infrastruktur werden ausführlich beschrieben.

Struktur des Buches

Den Schwerpunkt dieses Buches bildet ein detailliertes, in sich vollständiges Design für den konkreten industriellen Einsatz von DCE, so wie es für das Unternehmen entwickelt wurde (Kap. 1). Ausgehend von einer kurzen Darstellung der Randbedingungen des Ziel-Unternehmens (wie Anzahl der Benutzer, verwendete Betriebssysteme usw. in Abschn. 3.1) wird beschrieben, wie für mehrere tausend Benutzer geschäftskritischer Applikationen ein firmenweit produktiver DCE-Betrieb in diesem Unternehmen zu ermöglichen ist. Neben der Technik werden auch einige der betrieblichen Aspekte behandelt (Abschn. 3.5). Begleitend zur Erstellung dieses Buches fanden Tests statt, die die Machbarkeit des Konzepts unter Beweis stellen sollten und deren Ergebnis umgekehrt auch Einfluß auf das Konzept nahm. Die wichtigsten Ergebnisse der Tests sowie die Begründung für die zentralen Design-Entscheidungen sind ausführlich im Anhang wiedergegeben (Kap. 4 und 5).

Natürlich wäre das Buch nicht vollständig, wenn es Spezialbegriffe aus der DCE-Terminologie verwenden würde, ohne sie zu erklären. Daher geht der Beschreibung der DCE-Infrastruktur eine Einführung in DCE voraus (Kap. 1). Hier werden alle Begriffe und die Funktionsweise von DCE so ausführlich beschrieben und motiviert, wie es zum Verständnis des Buches erforderlich ist. Es werden lediglich Grundkenntnisse der Informatik, jedoch keinerlei DCE-Kenntnisse vorausgesetzt. Zur Motivation und Einleitung wird zusätzlich eine Einordnung des Begriffs „Sicherheit" einschließlich einer Kurzbeschreibung typischer Sicherheitsrisiken und Lösungsansätze gegeben (Kap. 1).

Wer sollte dieses Buch lesen?

Dieses Buch richtet sich in erster Linie an Praktiker und Entscheider, die die Aufgabe haben, DCE-Security in ein Unternehmen einzuführen. Es richtet sich auch an Techniker und Informatiker, die sich praxisnahe Kenntnisse in einer interessanten und zukunftsträchtigen Technologie aneignen wollen. Ferner richtet es sich an Studierende, die an einem konkreten Beispiel sehen möchten, woran bei einer großflächigen Einführung einer standardisierten Software für geschäftskritische Applikationen gedacht werden muß und welche Art von Tests wichtig sind.

Das Interesse an dem von vielen Herstellern für eine breite Palette von Betriebssystemen angebotenen Produkt DCE nimmt gerade in den letzten Jahren stark zu. Ursache hierfür ist sicherlich nicht zuletzt das ständig steigende Sicherheitsinteresse vieler Firmen und die dort de facto meist verbreitete heterogene Systemlandschaft. Richtig eingesetzt, bietet DCE gerade dafür eine gute Lösung. In diesem Sinne hofft der Autor, daß das vorliegende Buch einer breiten Leserschaft Nutzen bringen möge.

Bern, August 1998   *Horst Mehl*

Inhaltsverzeichnis

1 **Einleitung**.. 1
  1.1 Sicherheitsbedürfnis.. 1
  1.2 Einige grundlegende Sicherheitskonzepte............... 2
    1.2.1 Verschlüsselung... 2
    1.2.2 Integritätsschutz... 6
    1.2.3 Authentifizierung.. 7
    1.2.4 Autorisierung.. 10
  1.3 Die Sicherheit von DCE.. 12

2 **Einführung in DCE**.. 15
  2.1 Grundlagen.. 15
    2.1.1 Basisfunktionalität von DCE........................... 16
    2.1.2 DCE-Zellen.. 18
    2.1.3 RPCs... 18
  2.2 Der Namensdienst... 27
    2.2.1 Namen.. 27
    2.2.2 Der Namensraum... 29
    2.2.3 Wichtige Komponenten des Namensdiensts...... 30
    2.2.4 Der Namensdienst innerhalb einer Zelle........... 31
    2.2.5 Der Namensdienst über Zellengrenzen hinweg... 35
  2.3 Der Security-Dienst.. 36
    2.3.1 Registrierung.. 36
    2.3.2 Authentifizierung.. 39
      2.3.2.1 Authentifizierung innerhalb einer Zelle...... 40
      2.3.2.2 Authentifizierung über Zellengrenzen hinweg... 46
    2.3.3 Autorisierung.. 46
      2.3.3.1 ACLs und ihre Auswertung...................... 46
      2.3.3.2 ACL-Manager....................................... 51
      2.3.3.3 Vererbung von ACLs.............................. 51
  2.4 Der Zeitdienst.. 55
    2.4.1 Zeitermittlung.. 56
    2.4.2 Zusammenspiel der Komponenten.................... 57

2.4.3 Lokalisierung der Server 59
2.4.4 Synchronisierungszeitpunkte.. 59
2.4.5 Aktualisieren der lokalen Rechneruhr 60
2.5 Neuerungen in DCE nach OSF-Level 1.2 62

3 Die konkrete DCE-Infrastruktur.. 63
3.1 Rahmenbedingungen.. 63
3.2 Aufbau des DCE-Systems 64
    3.2.1 Anzahl der DCE-Zellen.. 64
    3.2.2 Aufbau der DCE-Zelle 66
        3.2.2.1 Einführungskonzept in zwei Phasen..................................... 66
        3.2.2.2 Aufbau von DCE in Zweigstellen (Phase 1) 68
        3.2.2.3 Aufbau von DCE in der Zentrale (Phase 1)....................... 73
        3.2.2.4 Einbindung von DCE in Applikationen 76
        3.2.2.5 Änderungen in Phase 2.. 78
3.3 Namenskonzept 82
    3.3.1 Namenskonventionen 82
    3.3.2 Zellennamen 84
    3.3.3 Softlinks... 84
    3.3.4 Struktur des Namensraums... 85
3.4 Sicherheitskonzept 87
    3.4.1 Authentifizierung.. 87
    3.4.2 Autorisierungsunterstützung... 88
3.5 Weitere betriebliche Aspekte 89
    3.5.1 DCE-Schulung... 90
        3.5.1.1 Endbenutzer/Systemverwalter in Zweigstellen 90
        3.5.1.2 Zentraler Helpdesk 90
        3.5.1.3 Personal des DCE-Betriebs 91
    3.5.2 Der DCE-Betrieb 94
    3.5.3 Organisatorische Einbettung des DCE-Betriebs........................ 96
        3.5.3.1 Interaktion des DCE-Betriebs mit anderen...................... 97
        3.5.3.2 Organisatorische Abläufe 99
        3.5.3.3 Personelle Aspekte 100
3.6 Zusammenfassung.. 103

4 Anhang A: Erfahrungen aus Tests 105
4.1 Testinfrastruktur.. 105
4.2 Die wichtigsten Testergebnisse 106
    4.2.1 Umschalten zwischen Master- und Backup-Server.................... 106
    4.2.2 Import von NT-Benutzern 107
    4.2.3 Backup/Restore CDS-/Security-Server 107
    4.2.4 Mehrere Zellen gleichzeitig auf einem Rechner........................ 108
    4.2.5 Administrations-Tools... 109
    4.2.6 Administratorgruppen mit reduzierten Rechten 110

4.2.7 Uhrentest 111

4.2.8 Last-/Massentest 112

4.2.9 Vergleichstest zwischen Gradient und DEC 112

4.2.10 DCE-Anbindung an SAP-Systeme 113

4.3 Fazit der Tests 113

5 Anhang B: Diskussion von Lösungsvarianten 115

5.1 Das Zellenkonzept 115

5.1.1 Sehr viele Zellen 116

5.1.2 Vier Zellen 117

5.1.3 Vergleich Vierzellen- mit Einzellen-Architektur 118

5.2 DCE-Administrationstools 120

5.2.1 DCE-Command-line-Interface 120

5.2.2 Beispiel eines graphischen Administrationstools 123

5.3 Zeitkonzept 126

5.4 Anmerkungen zum Namenskonzept 128

Literaturverzeichnis 131

Glossar 133

Sachwortverzeichnis 139

Abbildungsverzeichnis

1.1 Zugriffskontroll-Matrix 10

1.2 Capability Lists 11

1.3 Access Control Lists 12

2.1 Prinzipielle Funktionalität von DCE..16

2.2 Ein Beispiel einer IDL-Datei...19

2.3 Prinzipieller Ablauf eines RPCs...20

2.4 Struktur des Default-Namensraums 29

2.5 Zugriff auf Name-Server und ihre Clearinghouses 32

2.6 Zugehörigkeit von Benutzern zu Gruppen....................................37

2.7 Ein Grund für Key Distribution Centers..40

2.8 Grober Ablauf der DCE-Authentifizierung....................................41

2.9 Authentifizierung und Autorisierung 42

2.10 Beispiel für ACLs 47

2.11 Viele Namenseinträge mit gleichen ACL-Einträgen.......................52

2.12 Vererbung von ACLs..53

2.13 Vererbung beim Einfügen neuer Verzeichnisse 54

2.14 Vererbung beim Einfügen neuer Objekte......................................55

2.15 Ermittlung einer neuen Zeit in DCE 57

2.16 Die verschiedenen Komponenten des DCE-Zeitdienstes.................58

3.1 DCE-Zelle der DBF mit vielen Zweigstellen und einer Zentrale..............66

3.2 Grobstruktur der DCE-Zelle in Phase 1...67

3.3 Grobstruktur der DCE-Zelle in Phase 2...68

3.4 Aufbau in einer Zweigstelle (Beispiel)..69

3.5 Aufbau der Zentrale...74

3.6 Zwei mögliche Zugriffsarten von einer Applikation auf DCE..............76

3.7 Zugriff auf DCE über eine firmeninterne Library 77

3.8 Gegenseitiger Schutz von Namensräumen 79

3.9 Geplante initiale Infrastruktur in Phase 2......................................81

3.10 Erweiterung des Default-Namensraums 85

4.1 Die verwendete Testinfrastruktur...106

5.1 Zellenstruktur in Variante 1..118

5.2 Graphisches Administrationstool..124

5.3 Verteilung der Zeit-Clients und -Server..127

1 Einleitung

Bevor auf die Sicherheitsaspekte von DCE eingegangen wird, soll zunächst der Begriff „Sicherheit" näher umschrieben werden. Mit „Sicherheit" ist in diesem Buch weniger die „Ausfallsicherheit" einzelner Systemkomponenten gemeint, sondern vielmehr der Schutz vor Mißbrauch von Firmenressourcen. Auch dann ist „Sicherheit" jedoch noch ein sehr weitgesteckter Begriff. Um schließlich besser einordnen zu können, welche Art von Sicherheit DCE bietet (Abschn. 1.3), wird zunächst unabhängig von DCE auf einige prinzipielle Sicherheitsüberlegungen eingegangen. Dabei soll deutlich werden,

- wieso überhaupt ein Bedürfnis nach Sicherheit besteht (Abschn. 1.1) und
- welche Konzepte es prinzipiell gegen die bestehenden Risiken gibt (Abschn. 1.2).

1.1 Sicherheitsbedürfnis

Risiken. Typischerweise greifen Computer-Programme (hier Applikationen genannt) auf viele Firmendaten zu. Ohne weitere Maßnahmen bestehen vor allem die folgenden Risiken:

- *Unerlaubtes Lesen von Daten*
  Ohne Leseschutz der Daten könnten Unbefugte sich Zugang zu Informationen wie z.B. Buchungs- oder Gehaltsinformationen verschaffen.

- *Unerlaubtes Zerstören oder Manipulieren von Daten*
  Ohne Schreibschutz der Daten und Ausführberechtigungen für Programme könnten unbefugte Nutzer etwa das Saldo ihres Bankkontos verbessern oder Telefongebühren löschen, bevor diese abgerechnet wurden, oder überhaupt auch „nur" irgendwelche Daten manipulieren und so recht einfach massive Betriebsstörungen verursachen.

- *Unerlaubtes Blockieren von Ressourcen*
  Ohne Zugangsschutz könnten Unbefugte ständig und ohne Unterbrechung gewisse Ressourcen oder Dienste benutzen, um so die Verfügbarkeit der Ressourcen/Dienste für befugte Nutzer drastisch zu reduzieren.

Verursacher. Im allgemeinen geht man davon aus, daß der Mißbrauch wesentlich häufiger durch „normale", firmeneigene Mitarbeiter verursacht wird als durch „Hacker" und professionelle Computer-Kriminelle. Zum Teil mag der Mißbrauch dabei sogar unbewußt geschehen. Meist bilden jedoch Neugier oder gewisse Rachegefühle die Motivation, z.B. weil ein Mitarbeiter sich benachteiligt oder schlecht behandelt fühlt. Je nach Vorgehen kann der Schaden beträchtlich sein. Etwa wenn man es zustandebringt, kritische Daten über einen längeren Zeitraum und damit eben auch in Backups in kritischer Art zu verfälschen.

Eine Schutzmöglichkeit zur Minimierung des Risikos besteht z.B. darin, mehrere Sicherheitsgürtel im folgenden Sinne zu definieren: Je mehr Risiken eine illegale Manipulation bergen würde, desto mehr Sicherheitshürden oder Sicherheitssysteme sind für einen Saboteur zu überwinden, bevor er diese Ressource manipulieren kann. Mit jedem Sicherheitsgürtel steigt so auch das erforderliche Gesamt-Know-how für eine unerlaubte Manipulation. Außerdem erlaubt dieses Vorgehen, einen sinnvollen Kompromiß zu treffen zwischen erreichter Sicherheit und dem dazu nötigen Aufwand (z.B. an Entwicklungskosten, Lizenzgebühren, Verwaltungsaufwand).

1.2 Einige grundlegende Sicherheitskonzepte

1.2.1 Verschlüsselung

Um die Vertraulichkeit von Informationen sicherzustellen, muß einem unerlaubten Lesen der Daten entgegengewirkt werden. Ein wichtiges Hilfsmittel hierzu besteht in der verschlüsselten Speicherung bzw. der verschlüsselten Übermittlung von Daten. Gerade bei der Datenübertragung ist ein geeigneter Schutzmechanismus wichtig, da die hierbei genutzten Rechnernetze i.a. wenig geschützt sind und vielfältige Möglichkeiten zum unberechtigten Zugang bieten. Häufige Fragen bei der Auswahl eines Verschlüsselungsverfahrens sind etwa die folgenden:

- Welche Verfahren gibt es?
- Welcher Zeitaufwand wird zur Ver- und Entschlüsselung benötigt?
- Wieviel Aufwand ist zur Schlüsselverwaltung erforderlich?
- Welcher Grad an Sicherheit wird erreicht?

Anhand dieser Fragen sollen im folgenden einige Aspekte von Verschlüsselungsverfahren kurz beleuchtet werden.

Prinzipielle Verfahren.   Grob lassen sich die wichtigsten Verschlüsselungsverfahren in symmetrische und asymmetrische unterteilen. Bei *symmetrischen* Verfahren wird zum Ver- und Entschlüsseln jeweils der gleiche *geheime Schlüssel (Secret Key)* verwendet. Bevor mit der symmetrisch verschlüsselten Nachrichten-kommunikation begonnen werden kann, müssen daher Sender und Empfänger sich auf einem sicheren Weg über einen geheimen Schlüssel geeinigt haben. Ein Nachteil solcher, auch *Secret-Key-Verfahren* genannten, Verfahren ist in der An-zahl erforderlicher Schlüssel zu sehen, die für eine Kommunikation zwischen beliebigen Partnern erforderlich ist. Wollen N Personen jeweils paarweise geheim miteinander kommunizieren, muß jede Person $N-1$ verschiedene geheime Schlüs-sel kennen. Insgesamt sind dies $\frac{1}{2}N(N-1)$ verschiedene geheime Schlüssel. Zu den bekanntesten symmetrischen Verfahren gehört der *Data Encryption Standard (DES)* und der *International Data Encryption Algorithm (IDEA)*.

Bei *asymmetrischen* Verfahren, auch *Public-Key-Verfahren* genannt, muß jede Person hingegen nur genau einen (nur ihr bekannten) geheimen Schlüssel kennen. Jedem geheimen Schlüssel einer Person P ist jeweils ein allseits bekannter öffent-licher Schlüssel der Person P zugeordnet, den alle $N-1$ anderen Personen zum Verschlüsseln von Nachrichten an P verwenden. Insgesamt sind dies N geheime und N öffentliche Schlüssel. Die Schlüssel sind derart konstruiert, daß eine mit einem öffentlichen Schlüssel *(Public Key)* verschlüsselte Nachricht mit dem zu-geordneten geheimen Schlüssel *(Private Key)* wieder entschlüsselt werden kann. Die Asymmetrie bezieht sich also darauf, daß mit unterschiedlichen Schlüsseln verschlüsselt und entschlüsselt wird. Ein typisches asymmetrisches Verfahren ist das von Rivest, Shamir und Adleman erfundene und nach deren Anfangsbuchsta-ben benannte *RSA*-Verfahren.

Aufwand zur Ver- und Entschlüsselung. Viele Verfahren gibt es als reine Soft-warelösung oder aber auch teilweise oder ganz in Hardware. Letztere sind auf-grund der zusätzlichen Spezial-Hardware oftmals weniger beliebt. Sie sind jedoch in der Regel erheblich schneller als reine Software-Lösungen. In [29] wird bei-spielsweise für das DES-Verfahren bereits 1994 von einem Chip der Firma DEC mit einer Verschlüsselungs-/Entschlüsselungsrate von 1 Gbit/Sekunde berichtet. Softwarelösungen auf einem 80486 Prozessor erreichten zur gleichen Zeit für das gleiche Verschlüsselungsverfahren nur etwa 2,5 Mbit/Sekunde.

Abhängig vom Verfahren kann ferner grob festgehalten werden, daß der Zeit-aufwand zur Ver- bzw. Entschlüsselung bei asymmetrischen Verfahren i.a. we-sentlich größer ist als bei symmetrischen. Beispielsweise ist von den oben er-wähnten Verfahren IDEA das schnellste, da der Algorithmus im wesentlichen auf lediglich drei sehr effizient realisierbaren Operationen basiert, nämlich bitweisem Exklusiv-Oder, modifizierter Addition und modifizierter Multiplikation. RSA ist hingegen das langsamste, da der Algorithmus erheblich komplexere Operationen durchführen muß (diskrete Exponentialfunktion mit bei der Entschlüsselung typi-scherweise über 100stelligen Dezimalzahlen als Exponenten). Deshalb werden asymmetrische Verschlüsselungsverfahren weniger zur Verschlüsselung großer Datenmengen, sondern eher zur Verschlüsselung kleiner Datenmengen herange-zogen. Beispielsweise wird oft mit einem asymmetrischen Verfahren zwischen zwei Kommunikationspartnern ein gemeinsamer neuer Schlüssel ausgetauscht.

Sobald dies geschehen ist, wird die dann folgende Kommunikation unter Verwendung dieses neuen Schlüssels mit einem symmetrischen Verfahren verschlüsselt.

Aufwand zur Schlüsselverwaltung. Neben der obengenannten Anzahl an Schlüsseln, die verwaltet werden müssen (d.h. auf sicherem Weg den richtigen Personen zugestellt, gegebenenfalls nach „vergessen" erneuert oder aber im Einzelfall auch wieder auf Dauer entzogen werden müssen etc.), ist bei asymmetrischen Verfahren ferner zu beachten, daß auch die *Integrität* (d.h. die Echtheit, „integer" = echt) der *öffentlichen* Schlüssel sichergestellt sein muß. Hierzu wird typischerweise eine vertrauenswürdige Instanz (*Certification Authority, CA*) beauftragt, die öffentlichen Schlüssel in der Weise zu zertifizieren, daß jeder Nutzer sich aufgrund des Zertifikats selbst von der Echtheit überzeugen kann. Ohne einen solchen Integritätsschutz könnte ein Saboteur einen öffentlichen Schlüssel einer Person A durch seinen eigenen öffentlichen Schlüssel ersetzen. Werden Nachrichten an A gesendet, die durch diesen Schlüsselaustausch nun mit dem öffentlichen Schlüssel des Saboteurs verschlüsselt werden, so kann der Saboteur diese abfangen und lesen. Um unbemerkt zu bleiben, wird der Saboteur allerdings nach dem Entschlüsseln die Nachrichten mit dem richtigen öffentlichen Schlüssel von A wieder verschlüsseln und an A weiterleiten.

Grad an Sicherheit. Bei der Betrachtung der Sicherheit von Verschlüsselungsverfahren wird i.a. davon ausgegangen, daß das Verfahren der Öffentlichkeit in allen Details bekannt ist (der jeweils verwendete Schlüssel jedoch nicht). Zumindest bei Softwareverfahren würde die Geheimhaltung des Verfahrens die effektive Sicherheit auch nicht wesentlich erhöhen. Man kann davon ausgehen, daß sich die Arbeitsweise durch Disassembling ermitteln läßt, sofern dem Saboteur ein Exemplar der Software zur Verfügung steht.

Neben der Arbeitsweise des Verfahrens stellt vor allem die Zahl der möglichen Schlüsselkandidaten einen wichtigen Faktor bei der Beurteilung der mit dem Verfahren erreichten Sicherheit dar. Bei einem kurzen, nur wenige Bit langen Schlüssel gibt es auch nur wenige überhaupt mögliche Schlüsselkandidaten, so daß in der Regel bereits ein schlichtes systematisches Ausprobieren aller theoretisch möglichen Schlüsselkandidaten (*brute-force-Methode*) schnell zu dem vom Sender verwendeten Schlüssel führt. Schlüssel sollten daher eine gewisse Mindestlänge haben, um ausreichende Sicherheit zu gewährleisten.

Typische Schlüssellängen für symmetrische Verfahren (wie DES und IDEA) liegen bei 56 bzw. 128 Bit. Im Prinzip kann z.B. durch geeignete Mehrfach-Ausführung des Verschlüsselungsverfahrens die Schlüssellänge solcher Verfahren vergrößert werden. Am Beispiel des DES-Verfahrens soll dies verdeutlicht werden. Das DES-Verfahren benötigt einen Schlüssel von 56 Bit und verschlüsselt jeweils 64 Bit der Eingabe zu 64 Bit Ausgabe. Eine Zweifach-Ausführung des DES-Verfahrens könnte so aussehen, daß der Ausgabeblock einer DES-Verschlüsselung erneut mit dem DES-Verfahren verschlüsselt wird, diesmal jedoch mit einem vom ersten Schlüssel unabhängigen zweiten. Das Gesamtverfahren arbeitet dann mit 56+56 = 112 Bit.

Bei dem gezeigten Prinzip der Mehrfach-Ausführung von Verschlüsselungs-verfahren sind jedoch zwei Dinge zu beachten. Zum einen sollte die Anzahl der Mehrfach-Verschlüsselungen möglichst gering gehalten werden, da jede Ver-schlüsselung Zeit kostet. Zum anderen verhält sich Kryptographie bzgl. dem Grad an erreichter Sicherheit oftmals anders als man „gefühlsmäßig" vielleicht erwar-ten würde. So muß eine Mehrfach-Ausführung von Verschlüsselungsverfahren mit unabhängigen Schlüsseln nicht notwendigerweise zu einem entsprechend sichereren Gesamtverfahren führen. Beispielsweise kann die Zweifach-Aus-führung des DES-Verfahrens unter bestimmten Bedingungen (u.a. sehr sehr viel Speicher) bereits in etwa der doppelten Zeit gebrochen werden, die für das Bre-chen einer einfachen DES-Verschlüsselung mit der brute-force-Methode nötig ist [8]. Auch die dreifache Hintereinanderausführung des DES-Verfahrens im Ver-schlüsselungs-Entschlüsselungs-Verschlüsselungsmodus (*Triple-DES*) mit drei unabhängigen 56 Bit Schlüsseln bringt unter bestimmten Bedingungen etwa erst die Sicherheit, die man naiver Weise von einer Zweifach-Ausführung erwarten würde [29]. Dies ist allerdings schon recht viel, so daß das Triple-DES-Verfahren – z.T. auch nur mit zwei unabhängigen Schlüsseln, d.h. der erste und dritte sind gleich – einen guten Ruf hat.

Für asymmetrische Verfahren sind ähnlich gute Schlüssellängen wie für sym-metrische Verfahren in der Regel typischerweise um mindestens den Faktor 10 länger (z.B. beim RSA-Verfahren 1024 Bit). Der Grund hierfür ist darin zu sehen, daß die Sicherheit eines Verfahrens davon abhängt, wie leicht sich das Verfahren brechen läßt, und daß die heute bekannten besten Methoden zum Brechen von symmetrischen und asymmetrischen Verfahren sehr unterschiedlich sind. Bei symmetrischen Verfahren ist oft die obige brute-force-Methode die effizienteste, während bei asymmetrischen andere Methoden wie z.B. Faktorisierung „erfolg-reicher" sind [10, Remark 1.53]. Schlüssellängen wie die erwähnten 128 Bit und 1024 Bit können daher nicht unabhängig vom Verschlüsselungsverfahren mitein-ander verglichen werden.

Die Frage, wie gut denn nun Schlüssellängen sein müssen, hängt jedoch auch von dem Einsatzzweck ab, also von Antworten auf Fragen wie z.B.:

- *„Müssen die verschlüsselten Daten nur kurze Zeit oder sollten sie Jahrzehnte lang geheim bleiben?"*
  Müssen die Daten nur kurze Zeit geheim bleiben, so steht auch für ein unerwünschtes Entschlüsseln nur kurze Zeit zur Verfügung.

- *„Wieviel sind die verschlüsselten Daten wert?"*
  Man wird i.a. nicht mehr Geld in Hardware und Software zum illegalen Entschlüsseln investieren, als die Daten selbst wert sind.

Erstaunlicherweise ist bezüglich der Schlüssellänge aus rechtlicher Sicht oft auch noch auf die amerikanischen Ausfuhrbestimmungen zu achten.

Bezüglich des Grades an erreichter Sicherheit kann in der Praxis davon ausge-gangen werden, daß es keine 100%ige Sicherheit gibt. Eine bemerkenswerte Aus-nahme sei jedoch erwähnt: Es gibt ein Verschlüsselungsverfahren, das für sich allein betrachtet tatsächlich beweisbar „absolut sicher" ist. Das Verfahren selbst, der sogenannte *One-Time Pad*, ist zudem noch sehr einfach. Zum Verschlüsseln wird der geheime Schlüssel mit der Originalnachricht bitweise über Exklusiv-Oder verknüpft. Eine nochmalige bitweise Anwendung der Exklusiv-Oder-Operation, diesmal auf die verschlüsselte Nachricht und den gleichen geheimen Schlüssel, liefert wieder die Originalnachricht. Der geheime Schlüssel muß dabei sowohl dem Sender als auch dem Empfänger im voraus auf einem sicheren Weg bekanntgegeben worden sein, und der Schlüssel muß dabei mindestens genauso lang sein wie die Originalnachricht. Derartig lange Schlüssel (zumal sie für die absolute Sicherheit „zufällig" sein müssen und nur einmal verwendet werden dürfen) sind für den normalen praktischen Gebrauch allerdings eher ungeeignet. Das Verfahren soll jedoch beispielsweise zwischen Botschaften angewendet worden sein.

1.2.2 Integritätsschutz

Oftmals kann ein Lesen von Daten unkritisch sein, eine unerlaubte Veränderung hingegen fatal. Beispielsweise wäre es oft noch nicht so schlimm, wenn ein Teil der einer Zentrale elektronisch übermittelten Daten einer Geldüberweisung eines Bankkunden unbefugt mitgelesen würde. Es sollte jedoch vermieden werden, daß diese Daten während der Übermittlung verfälscht werden können, etwa in Form einer Erhöhung oder Senkung des Überweisungsbetrags. Zu diesem Zweck können die Daten mit einem Integritätsschutz versehen werden, durch den der Empfänger die Unverändertheit der Daten automatisch überprüfen kann.

Häufig geschieht dies, indem aus der (beliebig langen) Nachricht eine Prüfsumme fester Länge (z.B. 128 oder 160 Bit) berechnet wird, die lediglich von der Nachricht selbst und einem nur dem Sender und Empfänger bekannten Paßwort abhängt. Wird kein Leseschutz, sondern nur ein Integritätsschutz benötigt, so kann zusätzlicher Aufwand zum Ver- und Entschlüsseln gespart werden und die Nachricht mit der Prüfsumme unverschlüsselt übertragen werden. Wird die Nachricht während der Übermittlung von einem Dritten verändert, so kann dieser ohne Kenntnis des Paßworts die zu der veränderten Nachricht gehörende neue Prüfsumme nicht berechnen. Beim Überprüfen der Prüfsumme der zu empfangenden Nachricht stellt der Empfänger somit leicht fest, daß die Nachricht nicht mehr die ursprünglich versendete ist. Die empfangene Nachricht kann so ignoriert und die richtige erneut angefordert werden.

Eine Anmerkung soll jedoch an dieser Stelle erwähnt werden. Die Anzahl möglicher Nachrichten ist in der Regel größer als die Anzahl möglicher Prüfsummen, da Nachrichten gemäß obiger Annahme länger sein dürfen als Prüfsummen. Da es (unter einem gegebenen Paßwort) für jede Nachricht jedoch genau eine Prüfsumme gibt, muß es auch den Fall geben, daß verschiedene Nachrichten (unter dem gleichen Paßwort) die gleiche Prüfsumme implizieren (sogenannte *Kollisionen*).

Dies könnte wie folgt ausgenutzt werden. Kann ein Saboteur ohne Kenntnis des Paßworts aus einer Nachricht N_i mit Prüfsumme P gezielt eine von N_i verschiedene Nachricht N_2 konstruieren, deren Prüfsumme ebenfalls P ist, so könnte der Empfänger anhand der Prüfsumme P nicht mehr erkennen, ob er wirklich N_1 oder vielleicht doch N_2 empfangen hat. Eine Integritätsverletzung wäre daher anhand der Prüfsumme nicht mehr erkennbar. Die Prüfsummen-Verfahren sind jedoch gerade so konstruiert, daß es „sehr schwer" ist, solche Nachrichten wie N_2 zu finden [10]. Auch dies ist also für einen Saboteur i.a. kein Weg, die Nachricht unbemerkt zu verändern. Derzeit aktuelle Verfahren zur Berechnung (kryptographisch) „guter" Prüfsummen sind etwa SHA und MD5. Details über die Algorithmen und weitere Referenzen können z.B. den zwei Standardwerken zum Thema Kryptographie [10, 29] entnommen werden.

1.2.3 Authentifizierung

Unter *Authentifizierung* wird allgemein die gesicherte Identifikation von Ressourcen (Personen, Servern etc.) verstanden. Umgangssprachlicher ausgedrückt versteht man unter Authentifizierung den Nachweis, daß man „derjenige ist, für den man sich ausgibt".

Beispielsweise ist durch obigen Integritätsschutz zwar bekannt, daß eine über ein Rechnernetz übertragene Nachricht nicht verändert wurde, aber es ist (im gerichtlichen Sinne) noch nicht eindeutig nachweisbar, *wer* diese Nachricht (mit dem beispielsweise darin enthaltenen Bestellauftrag oder der verbindlichen Zusage) gesendet hat. Schließlich konnte die Nachricht einschließlich der Prüfsumme mindestens von zwei Personen (dem Sender und dem Empfänger) produziert worden sein. Sogenannte *Non-Repudiation-Verfahren* bieten eine Nachweis-Möglichkeit darüber, von wem eine Nachricht gesendet wurde. Dies läßt sich z.B. mit einer auf einem geheimen Schlüssel basierenden digitalen Unterschrift erreichen, die nur der Besitzer des geheimen Schlüssels erzeugen, aber jedermann mit einem dem geheimen Schlüssel zugeordneten öffentlichen Schlüssel auf ihre Echtheit überprüfen kann. Dies allein reicht jedoch auch noch nicht immer, um den Herkunftsnachweis unbestreitbar zu führen. Weitere Vorsichtsmaßnahmen sind zu treffen, damit selbst der Sender später nicht behaupten kann, er hätte beispielsweise seinen geheimen Schlüssel „verloren" und andere als er hätten die Nachricht erzeugt und mit dem wohl gefundenen geheimen Schlüssel in seinem Namen digital unterschrieben.

Authentifizierungsverfahren können verschiedenen Zwecken dienen. In diesem Buch steht ein anderer Zweck als Non-Repudiation im Vordergrund, nämlich die sichere Identifikation von Benutzern, Servern usw., um diesen anschließend die ihnen zugeordneten Zugriffsrechte zu gewähren.

Heutige Verfahren zur Authentifizierung verwenden einen oder mehrere der folgenden Grundtypen als Hilfsmittel für den Identitätsbeweis:

Typ 1: Identitätsbeweis durch das Wissen des Benutzers. Hierzu gehören z.B. Verfahren, die auf einem geheimen Schlüssel, d.h. einem Paßwort basieren, welches der Benutzer sich merken muß. (In diesem Buch werden die Begriffe „geheimer Schlüssel" und „Paßwort" synonym gebraucht.) Das Paßwort ist dabei das spezielle Wissen des Benutzers. Diese Verfahren sind weit verbreitet, da sie für den Benutzer einfach zu verstehen sind und mit geringem Aufwand dennoch wirkungsvoll realisiert werden können. Der erreichte Sicherheitsgrad hängt allerdings wesentlich von der Wahl der Paßwörter ab. Aus diesem Grund sollten unbedingt mindestens die folgenden Regeln beachtet werden:

- *Möglichst nicht zu kurze Paßwörter verwenden.*
  Andernfalls könnte das Paßwort eventuell leicht durch Ausprobieren aller möglichen Kombinationen (*brute-force-Methode*) herausgefunden werden.

- *Möglichst keine Namen als Paßwörter verwenden, die in irgendwelchen Wörterbüchern stehen.*
  Andernfalls kann ein Saboteur eventuell bereits dadurch den Schutz unwirksam machen, daß er mit einem kleinen Programm alle Namen eines elektronischen Wörterbuchs als Paßwort von jeweils allen ihm bekannten Mitarbeiternamen einer Firma anwendet. Die Chance, auf diese Art wenigstens von einem der vielen Firmenmitarbeiter das Paßwort herauszubekommen, ist heute immer noch recht groß. Allerdings setzt dieses Vorgehen voraus, daß der Saboteur zumindest einige Benutzernamen der Firma kennt (für einen Mitarbeiter der Firma wäre dies jedoch i.a. meist kein Problem) oder zumindest raten kann (etwa „Gast", Vornamen, Nachnamen aus dem Telefonbuch usw.) sowie beliebig häufig „falsche" Paßwörter unter dem Namen der Benutzer eingeben darf.

- *Paßwörter „häufig" wechseln und dabei keine erst kürzlich verwendeten Paßwörter verwenden.*
  Andernfalls könnten die Paßwörter bereits anderen Personen bekannt sein.

Nicht allzu schlecht ist beispielsweise die Bildung leicht zu merkender Paßwörter aus kurzen Wörtern (Groß- und Kleinschreibung unterschieden), in die noch Ziffern und Sonderzeichen eingestreut werden, z.B.: „Wie7geht8es9Dir?" oder „$G9w8h7i6K?$" („Gehen wir heute ins Kino?"). Dies alles nutzt jedoch nichts, wenn der Benutzer sein Paßwort anderen Personen mitteilt (z.B. vermeintlichen Administratoren am Telefon) oder es leicht zugänglich in der Nähe seines Arbeitsplatzes notiert. Die Gefahr zu letzterem ist besonders hoch, wenn ein Mitarbeiter für verschiedene Systeme jeweils verschiedene Paßwörter verwenden muß und die Paßwörter so „kompliziert" sind, daß sie sich nur schwer merken lassen.

Eine Variante von Typ-1-Verfahren, die auch in DCE intern angewendet wird, sind *Challenge-Response-Protokolle.* Hierbei generiert die die Authentifizierung überprüfende Stelle auf Anfrage eine (meist zufällige) Nachricht („Challenge"). Nur der richtige Benutzer ist in der Lage, diese Nachricht zu einer gültigen Antwort („Response") umzuformen. Ein einfaches Beispiel eines solchen Protokolls, mit dem ein Benutzer sich beim Anmelden an einem Rechner authentifizieren kann, könnte etwa so aussehen:

- Der Benutzer teilt dem Rechner mit, daß er sich anmelden möchte.
- Der Rechner generiert daraufhin eine zufällige Challenge, z.B. die Zahl 5.

- Der Benutzer weiß, daß er sich dadurch authentifiziert, daß er zu jeder vorgegebenen Zahl das Quadrat zurückschickt. Er antwortet somit mit 25.
- Der Rechner berechnet die von diesem Benutzer erwartete Antwort und vergleicht sie mit seiner tatsächlichen Antwort. Sind beide gleich, ist der Benutzer authentifiziert.

Man beachte, daß das Wissen des Benutzers hier weder direkt eingetippt noch über das Rechnernetz übertragen wird. Ein Saboteur kann mit der vom Benutzer eingegebenen Zahl „25" (die er eventuell beobachtet hat, weil er gerade hinter dem Benutzer stand) nichts anfangen. Beim nächsten Authentifizierungswunsch des gleichen Benutzers wird eine andere Challenge zu beantworten sein.

Typ 2: Identitätsbeweis durch Eigenschaften des Benutzers. Hierbei werden ein oder mehrere typische Eigenschaften von Benutzern wie ihre Sprache, Fingerabdrücke, markante Punkte im Auge oder andere Merkmale des Benutzers zu deren Identitätsnachweis herangezogen. Solche Verfahren werden „*biometrisch*" genannt. Im Gegensatz zu häufig wechselnden, einfach zu konstruierenden, aber eben geheimen Paßwörtern, sind biometrisch auswertbare Eigenschaften typischerweise immer gleich, schwer nachzumachen, aber leider oft nicht geheimzuhalten. Zum Beispiel läßt sich normalerweise weder ein Fingerabdruck noch die Sprache, in der gesprochen wird, geheim halten. Der eigentliche Mehrwert wird dadurch erreicht, daß die Eigenschaften einem Benutzer fest zugeordnet sind und durch andere Benutzer nur schwer zu imitieren sind. Anders als bei Typ-1-Verfahren, muß sich der Benutzer hier insbesondere also nichts merken. Neben statischen Eigenschaften kommen auch dynamische Eigenarten wie etwa die Art und Weise, wie eine Unterschrift geschrieben wird, für biometrische Verfahren in Betracht. Selbst wenn ein Saboteur beispielsweise eine Unterschrift kennt und in ihrer Ganzheit eventuell sogar nachmachen könnte, kann er i.a. nicht alle Teile der Unterschrift in der richtigen Reihenfolge, Geschwindigkeit, mit dem typischen Schreibdruck und im richtigen Schreibrhythmus mit einem elektronischen Stift niederschreiben. Zu den Problemen einiger biometrischer Verfahren gehört die mitunter mangelnde Akzeptanz beim Endbenutzer (z.B. bei Abtastung von Eigenschaften im Auge). Trotz der zum Teil technisch aufwendigeren Realisierung biometrischer Verfahren sind diese jedoch sehr zukunftsträchtig.

Typ 3: Identitätsbeweis durch Eigentum des Benutzers. Der Benutzer könnte etwa eine schwer nachzumachende, elektronische Ausweiskarte (Badge, Smart-Card usw.) besitzen und sich damit identifizieren. In der reinen Form schließt dies jedoch leider ein: wer auch immer eine solche Ausweiskarte besitzt, kann sich als der Benutzer legitimieren.

Ein Beispiel dieses Typs ist auch das von Banken und Versicherungen häufig verwendete *One-Time-Paßwort*-Verfahren, bei dem jedes Paßwort vom Benutzer nur höchstens einmal benutzt wird. Das aktuell jeweils gültige Paßwort wird dabei z.B. von einer elektronischen Karte generiert, die der Benutzer immer bei sich trägt. Diese Karten generieren i.a. sehr „zufällige" und damit schwer zu ratende, gute Paßwörter. Darüber hinaus nutzt in diesem Fall weder das Mithören noch das „Knacken" eines Paßworts viel, da ein Saboteur bei diesem Verfahren von dem aktuell verwendeten Paßwort nicht auf die in Zukunft gültigen Paßwörter schließen kann.

Natürlich können obige Verfahren kombiniert werden. Ein Beispiel hierfür sind Geldausgabe-Automaten, bei denen der Benutzer seine Euroscheck oder Kreditkarte in den Automaten stecken (Typ 3) und zusätzlich noch eine Geheimzahl eingeben muß (Typ 1).

1.2.4 Autorisierung

Eine der wichtigsten Sicherheitsmaßnahmen ist die Zugriffskontrolle oder auch *Autorisierung* genannt. Mit ihr werden einem Benutzer die ihm zustehenden Zugriffsrechte auf sichere Art und Weise gewährt. Generell betrachtet geht es bei Zugriffskontroll-Mechanismen um:

- *„Subjekte"* (in DCE *Principals* genannt), die in der Lage sind, auf „Objekte" zuzugreifen. Subjekte sind vor allem Benutzer, aber auch Applikations-Server und Rechner.
- *„Objekte"* (in diesem Buch auch *Ressourcen* genannt) und
- *Zugriffsrechte*, die Subjekten den Zugriff auf Objekte erlauben oder untersagen.

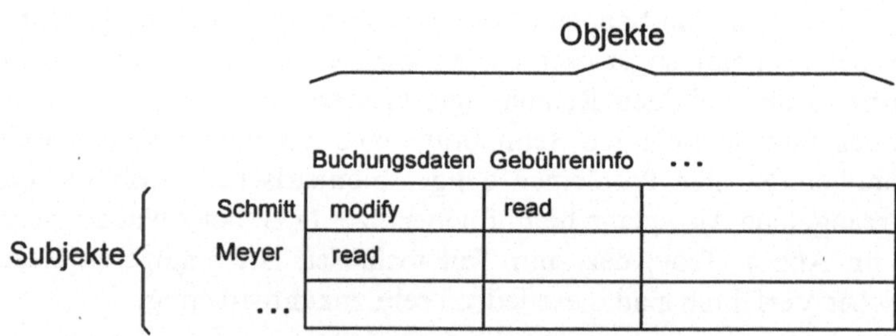

Abb. 1.1 Zugriffskontroll-Matrix

Abstrakt kann deshalb eine Matrix erstellt werden, in deren Zeilen Subjekte, in deren Spalten Objekte und in deren Zellen die Zugriffsrechte stehen (Abb. 1.1).

Durch unterschiedliche Implementierung dieser Matrix erhält man bereits zwei unterschiedliche Zugriffskontroll-Verfahren: Zunächst kann zeilenweise jedem Subjekt eine Liste seiner Zugriffsrechte (die sogenannte *Capability List*) zugeordnet werden (Abb. 1.2). Um Zugang zu einem Objekt zu bekommen, gibt das Subjekt seine *Capability List* dem Objekt bekannt. Das Objekt kann daraufhin die

Autorisierung überprüfen. Im Beispiel dürfte etwa Herr Schmitt Buchungsdaten verändern, Gebühreninformationen aber nur lesen. Durch Integritätsmaßnahmen kann vermieden werden, daß der Benutzer seine Zugriffsrechte modifizieren kann.

Capability List von Herrn Schmitt:

Buchungsdaten	Gebühreninfo	...
modify	read	

Capability List von Frau Meyer:

Buchungsdaten	Gebühreninfo	...
read		

Abb. 1.2 Capability Lists

Häufiger findet man jedoch die spaltenweise Implementierung, bei der zu jedem Objekt eine *ACL (Access Control List)* genannte Liste zugriffsberechtigter Subjekte abgespeichert wird (Abb. 1.3). Im Beispiel würde etwa der Server, der die Buchungsdaten verwaltet, bei einem Änderungswunsch durch Frau Meyer diesen ablehnen, da in der im Server bekannten ACL Frau Meyer nur Leseberechtigung hat.

Access Control List der Ressource *Buchungsdaten*:

Schmitt	modify
Meyer	read
...	

Access Control List der Ressource *Gebühreninfo*:

Schmitt	read
Meyer	
...	

Abb. 1.3 Access Control Lists

Eine weitere Variante von Autorisierungsverfahren besteht in der Zuordnung von hierarchischen Vertraulichkeitsstufen (etwa Top-secret, Secret, Confidential usw.) zu Subjekten und Objekten und im Erlauben des Zugriffs, wenn die Vertraulichkeitsstufe des Subjekts für den Zugriff höher oder gleich der Vertraulichkeitsstufe des Objekts ist [1].

1.3 Die Sicherheit von DCE

Von den obigen Mechanismen bietet DCE die folgenden:

- Integritätsschutz
- Vertraulichkeit durch Verschlüsselung
- Authentifizierung von Benutzern, Servern usw.
- Autorisierung

Integritäts- und Verschlüsselungsschutz lassen sich für Daten realisieren, die mittels des in Abschn. 2.1.3 vorgestellten Remote-Procedure-Call-Mechanismus von DCE zwischen Client- und Server-Prozessen ausgetauscht werden. Der Mechanismus basiert i.a. auf MD5 und DES. In diesem Buch steht jedoch eine andere Eigenschaft von DCE im Vordergrund, nämlich die Möglichkeit zur Realisierung der *Zugriffskontrolle* mit der dazu nötigen vorherigen *Authentifizierung*. Das in DCE zur Authentifizierung und Autorisierung verwendete Verfahren, wird ebenfalls im anschließenden Kap. 2 beschrieben. In Kap. 3 wird schließlich die konkret für ein großes Unternehmen entwickelte DCE-Infrastruktur im Detail dargestellt.

Die Authentifizierung in DCE basiert auf dem Kerberos-Protokoll in Version 5 und ist bereits seit Jahren ein akzeptierter Security-Standard. Dies läßt sich auch daraus ersehen, daß das Kerberos-Protokoll in der neuen Version 5.0 des Betriebssystems NT Eingang finden soll. Der Name „Kerberos" ist dabei ausnahmsweise kein Informatik-Akronym, sondern vielmehr der Name eines dreiköpfigen Wachhundes, der in der Mythologie den Eingang des Hades bewacht. Die durch diesen erreichte „Sicherheit" in der Bewachung stand Pate für den Namen des Kerberos-Protokolls.

Die wichtigsten Design-Prinzipien der im nächsten Kapitel genauer vorgestellten DCE-Sicherheitsmechanismen sind:

- *bezüglich Authentifizierung*

    - Verwendung eines Authentifizierungs-Verfahrens auf der Basis von Paßwörtern (Typ 1).
    - Design des Protokolls derart, daß möglichst viele „Umgehungsversuche" (sogenannte „Sicherheits-Attacken") bereits durch das Protokoll vereitelt werden. Selbst das Abhören oder Analysieren des Netzverkehrs soll es nicht ermöglichen, die Authentifizierung oder Autorisierung zu unterlaufen.
    - Paßwortregeln (Syntax, Gültigkeitsdauer etc.) können für frei wählbare Gruppen von Benutzern definiert werden.

– Ohne weiteres Login können Benutzer nach einmaligem Anmelden in DCE alle ihre DCE-basierten Applikationen nutzen (*Single-Login*).

• *bezüglich Zugriffsrechten*

– Der Mechanismus basiert auf Access Control Lists.
– Zugriffsrechte können zentral oder dezentral verwaltet werden.
– Zugriffsrechte können für Benutzer oder Gruppen von Benutzern auf von DCE kontrollierte Ressourcen vergeben/entzogen werden.

• *bezüglich Anwendungsbereich*

– DCE bietet insbesondere auch solchen Client-Server-Applikationen Unterstützung, bei denen Clients und Server auf Rechnern mit verschiedenen Betriebssystemen laufen.
– DCE ist pro Rechner von mehreren Applikationen nutzbar.
– DCE ist unter vielen Betriebssystemen einsetzbar (u.a. Windows 95, NT, UNIX, OS/390).

Als Nachteile von DCE sind zu nennen:

1. Die Sicherheit von DCE basiert letztlich nur auf der Geheimhaltung von Paßwörtern. Wird eines davon kompromittiert, so sind die Rechte des zugehörigen Benutzers Dritten zugänglich. Deshalb ist es sehr wichtig, gute Paßwörter zu wählen, um ein systematisches „Paßwortraten" seitens Dritter hinreichend schwer zu machen.
2. Die Nutzung von DCE erfordert die Verwendung spezieller Schnittstellen (z.B. DCE-RPCs oder Befehle der standardisierten GSS-API-Schnittstelle, siehe Kap. 2 und 3). In firmenintern neu entwickelter Software besitzt man die Source-Code-Hoheit und kann leicht diese Schnittstellen verwenden. Basiert eine als Fertigprodukt käufliche Fremdsoftware jedoch nicht auf einer dieser DCE-Schnittstellen, so ist eine nachträgliche Anpassung der Software – selbst wenn der Source-Code verfügbar wäre – sehr aufwendig.

2 Einführung in DCE

In diesem Kapitel werden die technologischen Grundlagen von DCE vorgestellt, soweit sie zum Verständnis der weiteren Kapitel erforderlich sind. Nach einer Beschreibung der Grundfunktionalität von DCE (Abschn. 2.1) wird insbesondere auf die folgenden drei DCE-Dienste eingegangen:

- Namensdienst (Abschn. 2.2)
- Security-Dienst (Abschn. 2.3)
- Zeitdienst (Abschn. 2.4).

2.1 Grundlagen

DCE (Distributed Computing Environment) ist eine herstellerneutrale Middleware der 1988 gegründeten *Open Software Foundation (OSF)*. Erste kommerzielle Versionen sind seit 1992 verfügbar. Die heutige Version kann als ausgereiftes, qualitativ hochwertiges Produkt angesehen werden. In diesem Buch wird auch weiterhin von „OSF" gesprochen, obgleich die OSF inzwischen mit der *X/Open* (einem weiteren Standardisierungsgremium) zu *The Open Group (TOG)* fusionierte.

DCE unterstützt *Client-Server-Applikationen*, d.h. Applikationen, die aus mehreren miteinander kooperierenden Komponenten bestehen, von denen einige gewisse Dienste bereitstellen (*Server*) und andere diese Dienste in Anspruch nehmen (*Clients*). Unter einem *Dienst* kann man sich am einfachsten eine Prozedur (oder Funktion) im Programmcode des Servers vorstellen. Clients und Server sind in der Regel Prozesse. Sie laufen typischerweise auf verschiedenen Rechnern und häufig auch unter verschiedenen Betriebssystemen.

2.1.1 Basisfunktionalität von DCE

Prinzipiell bietet DCE die in Abb. 2.1 dunkel unterlegt dargestellten Dienste an. Der *Security-Dienst* verwaltet Informationen über den Benutzer (seinen Namen, Paßwort, Gruppenmitgliedschaften etc.) und kann so, wie unten ausführlich beschrieben, Benutzer authentifizieren. Der Security-Dienst erfordert dazu allerdings eine hinreichend genaue Synchronisierung der beteiligten Rechneruhren.

Der Grund hierfür liegt darin, daß potentielle Wiederholungen früher versendeter Nachrichten, die möglicherweise durch einen Saboteur zur Simulation gültiger Nachrichten aufgezeichnet und illegal eingespielt wurden, erkannt und abgelehnt werden sollen. Daher enthalten viele Nachrichten intern in verschlüsselter Form die Uhrzeit (des Senderechners), zu der sie versendet wurden. Nachrichten, die gemäß dieser Uhrzeit zu alt sind (d.h. deren Zeitstempel gegenüber der Zeit im Empfangsrechner zu weit in der Vergangenheit liegen), werden abgelehnt. Auch Client-Server-Applikationen, die auf mehreren Rechnern laufen, benötigen andererseits oftmals eine gewisse Synchronität der Uhrzeiten und setzen zum Teil implizit eine solche als gegeben voraus. Für die Synchronisierung der Rechneruhren bietet DCE einen entsprechenden *Zeitdienst* an.

Abb. 2.1 Prinzipielle Funktionalität von DCE

Der *Namensdienst* von DCE wird von DCE selbst, aber auch von Applikationen u.a. zur Lokalisierung von DCE- und Applikations-Servern benötigt. Ausgehend von dem logischen Namen eines Servers läßt sich durch den Namensdienst dessen physische Serveradresse ermitteln. Auf diese Weise kann ein Client einem Server Nachrichten senden, ohne daß die Serveradresse fest im Client-Programm eincodiert sein muß.

Zur Kommunikation benutzen alle DCE-Dienste (DCE-Security-, Zeit-, Namensdienst etc.) intern den unten genauer beschriebenen *Remote-Procedure-Call-*

Mechanismus *(RPC)*. Auch Applikationen können diesen RPC-Mechanismus benutzen, um damit zwischen Clients und Servern zu kommunizieren.

Des weiteren bietet DCE Unterstützung zur verteilten Dateiverwaltung mit dem *Distributed File Systems (DFS)* an. Damit lassen sich Dateien, die auf irgendeinem der Datei-Server gespeichert sind, unabhängig von ihrer Lokation ansprechen. Darüber hinaus kann über DFS der Datei-Zugriff durch Caching im Client performanter und durch Read-only-Replikate ausfallsicherer gemacht werden.

Ferner bietet DCE eine spezielle Unterstützung von Rechnern ohne Platten *(Diskless Support)* an. DFS und Diskless Support werden in der in Kap. 3 vorgeschlagenen Lösung jedoch nicht benötigt. Auf sie wird in diesem Buch nicht weiter eingegangen.

Schließlich werden durch DCE auch Mechanismen zur Erzeugung und Nutzung von Threads bereitgestellt. Unter einem *Thread* wird ein leichtgewichtiger Prozeß verstanden, der (im Gegensatz zu Prozessen) mit anderen Threads auf dem gleichen Rechner einen gemeinsamen Adreßraum teilen kann. Über diesen Adreßraum können Threads auf gemeinsame globale Daten zugreifen und so effizient miteinander kommunizieren. Da Threads quasi-parallel ablaufen, müssen sie sich jedoch beim Zugriff auf die gemeinsamen Daten synchronisieren können. Hierfür stellt DCE die folgenden Mechanismen bereit.

Die für eine gewisse Zeit exklusive Nutzung eines gemeinsamen Datenbereichs durch maximal einen Thread läßt sich über *Mutex*-Objekte *(Mutual Exclusion)* erreichen. Über *Condition-Variablen* können sich Threads blockieren, bis andere Threads diesen Condition Variablen signalisieren, daß es weitergehen kann. Über ein *Join* kann ein Thread auf die Terminierung eines anderen warten (z.B. eines von ihm erzeugten Threads, ähnlich dem UNIX-Befehl *wait*).

Um mögliche Einsatzfelder von Threads zu veranschaulichen, sei ein Beispiel skizziert, bei dem Threads die Realisierung asynchroner RPCs ermöglichen.

Der RPC-Mechanismus in DCE stellt eine Möglichkeit bereit, synchron zwischen Clients und Servern zu kommunizieren *(synchroner RPC)*. Synchron bedeutet hier, daß der Client einen RPC startet und anschließend auf das durch den Server gelieferte Ergebnis des RPCs wartet. Mitunter wäre jedoch ein *asynchroner RPC* sinnvoller, bei dem der Client während der Ausführung des RPCs, anstatt zu warten, anderen Aufgaben nachgehen kann. Mit Threads läßt sich dieses Verhalten unter Verwendung synchroner RPCs nachbilden. Dazu wird im Client anstatt des RPC-Aufrufs zunächst ein Thread gestartet. Dieser Thread führt den RPC-Aufruf aus. Während der Thread auf das Ergebnis des RPCs synchron wartet, kann der Client weitere Aktivitäten nachgehen. Aus Sicht des Clients ist der RPC daher asynchron.

Vor der Diskussion von Namens-, Sicherheits- und Zeitdienst soll auf zwei wichtige DCE-Konzepte etwas ausführlicher eingegangen werden: DCE-Zellen und RPCs.

2.1.2 DCE-Zellen

Ein DCE-System kann in kleinere, voneinander disjunkte Einheiten, sogenannte
Zellen, aufgeteilt werden. Zellen sind ein wesentliches Strukturierungshilfsmittel
einer DCE-Infrastruktur. Jede Ressource (Benutzer, Rechner, DCE-Namen usw.)
wird dabei eindeutig genau einer DCE-Zelle zugeordnet. Die organisatorische Zusammenfassung von mehreren Ressourcen in einer Zelle ermöglicht:

- *Unabhängige Administration*
  Die Ressourcen der gleichen Zelle können weitgehend unabhängig von den
  Ressourcen anderer Zellen administriert werden. Dies erhöht auch die Skalier-
  barkeit des Gesamtsystems. Der Preis dafür ist u.a. ein leicht erhöhter
  Laufzeitaufwand bei zellenübergreifenden Ressourcen-Zugriffen sowie die
  Verwaltung (und die Lizenzgebühren) weiterer Name- und Security-Server,
  denn jede Zelle muß mindestens je einen Name- und Security-Server enthal-
  ten.

- *Höhere Sicherheit*
  Jede Zelle stellt eine eigene Schutzzone dar, die ihre Sicherheit mit einem
  eigenen Security-Server und deshalb weitgehend unabhängig von anderen
  Zellen realisiert. Wird der Security-Server einer Zelle kompromittiert, so sind
  die Ressourcen dieser Zelle nicht mehr ausreichend durch DCE geschützt. Der
  Schutz in den anderen Zellen bleibt aber grundsätzlich weiterhin bestehen.

2.1.3 RPCs

Zweck. Durch RPCs können Clients und Server einfach und elegant miteinander
kommunizieren. Aus Programmierersicht geschieht dies in der Form, daß Clients
Prozeduren (oder Funktionen) lokal aufrufen, die nicht im jeweiligen Client, sondern in einem typischerweise über ein Rechnernetz zu erreichenden Server implementiert sind. Der Prozeduraufruf im Client wird intern vom Client zum richtigen Server gesendet und dort ausgeführt. Die Ergebnisse der Ausführung (z.B.
veränderte aktuelle Prozedurparameter) werden wiederum automatisch zurück an
den Client übertragen und dort ebenfalls intern den aktuellen Parametern der auf-
gerufenen Prozedur übergeben, so als hätte die Prozedurausführung lokal im Client stattgefunden. Der RPC-Mechanismus realisiert diese Idee wie folgt.

Programmierung. Zunächst müssen die Schnittstellen zu den Servern definiert
werden. Eine solche *Schnittstelle (Interface)* umfaßt eine Menge von Prozeduren,
die im Server implementiert sind und von Clients entfernt (d.h. per RPC) aufgerufen werden können. Für jede dieser Prozeduren müssen deren Prozedurname,
Parametertypen etc. mit einer *IDL (Interface Definition Language)* [17] genannten
Sprache spezifiziert werden. Der eigentliche Code der Prozeduren (quasi der Pro-
zedurrumpf mit den auszuführenden Befehlen) wird in der IDL nicht angegeben.

Insofern (aber auch bezüglich der Syntax) ähnelt die Spezifikation Prototyp-Deklarationen der Programmiersprache ANSI C.

Abb. 2.2 zeigt ein Beispiel einer solchen Schnittstellenbeschreibung eines Servers. Die Schnittstelle „Taschenrechner" bietet die zwei Prozeduren Quadrat und Addition an. Die am Anfang angegebene (im Beispiel frei gewählte) *UUID (Universal Unique Identifier)* ist eine aus der Uhrzeit und Ortsinformation (Kennung des lokalen Rechnerknotens) generierte systemweit eindeutige Kennung. Sie kann mit Hilfe des Dienstprogramms uuidgen generiert werden.

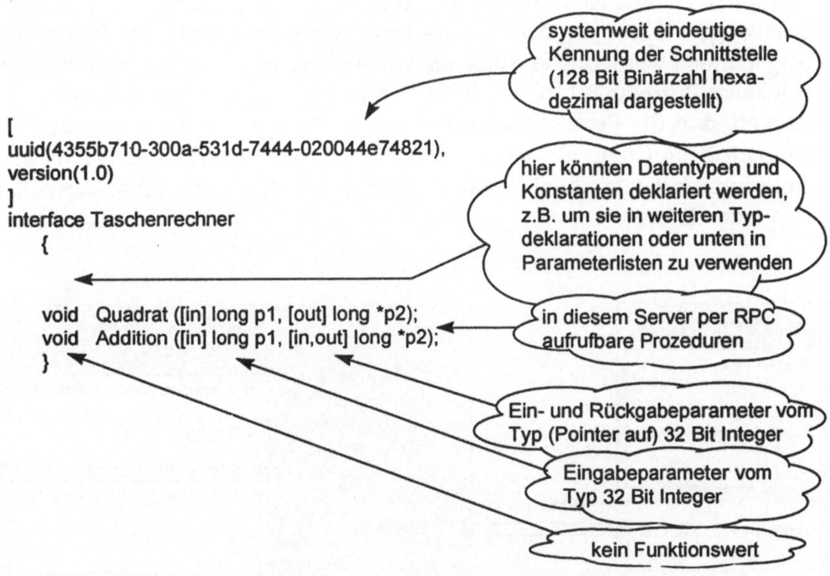

Abb. 2.2 Ein Beispiel einer IDL-Datei

Die Schnittstelle enthält zwei Prozeduren, Quadrat und Addition, die zwei Parameter haben. Das Schlüsselwort „in" kennzeichnet Eingabeparameter; das Schlüsselwort „out" Rückgabeparameter. In der Prozedur Quadrat ist *p1* ein Eingabeparameter und *p2* ein Rückgabeparameter. In der Prozedur Addition ist *p1* ein Eingabe- und *p2* ein Ein- und Rückgabeparameter. Eingabeparameter enthalten bei Prozeduraufruf einen zum Server zu übertragenden Wert. Rückgabeparameter enthalten nach Ende des Prozeduraufrufs (auf der Client-Seite) einen Ergebniswert.

Wie in der Sprache *C* werden Rückgabeparameter durch Pointer realisiert und mit einem „*" gekennzeichnet.

Vor allem aus Effizienzgründen werden in der IDL drei Pointer-Arten unterschieden: ref-Pointer referenzieren einen (während des Aufrufs) festen Speicherbereich. Im Beispiel sind die zwei Rückgabeparameter *p2* solche ref-Pointer. Bei

Pointern ist ref das Default-Attribut; es konnte daher im Beispiel weggelassen werden. Explizit hätte jedoch z.B. bei der Prozedur Quadrat auch „[ref,out] long *p2" geschrieben werden können. unique-Pointer sind flexibler als ref-Pointer und können auch einen NULL-Wert annehmen. Damit eignen sie sich z.B. zur Spezifikation optionaler Prozedurparameter. Am flexibelsten, aber auch aufwendigsten sind schließlich „normale" Pointer (ptr), die auf (nahezu) beliebige Speicheradressen zeigen dürfen und auch den Wert NULL annehmen können. Die Schlüsselwörter ref, unique und ptr können in der IDL vor dem Typ in eckigen Klammern angegeben werden.

Ist die Schnittstelle definiert, können aus der IDL-Beschreibung mit einem IDL-Compiler automatisch Hilfsprozeduren (sogenannte *Stubs*) für Clients und Server erzeugt werden, die dem Client- bzw. Serverprogramm des Programmierers beigebunden werden. Die Stubs enthalten alles, was nötig ist, um einen normalen lokalen Prozeduraufruf im Client in eine Nachricht zu packen, zum Server zu schicken, dort die Prozedur aufzurufen und das Ergebnis dem ursprünglichen Prozeduraufruf im Client als dessen Ergebnis zurückzuliefern – genau so, als ob der Prozeduraufruf tatsächlich lokal ausgeführt worden wäre. Abb. 2.3 soll das Prinzip verdeutlichen.

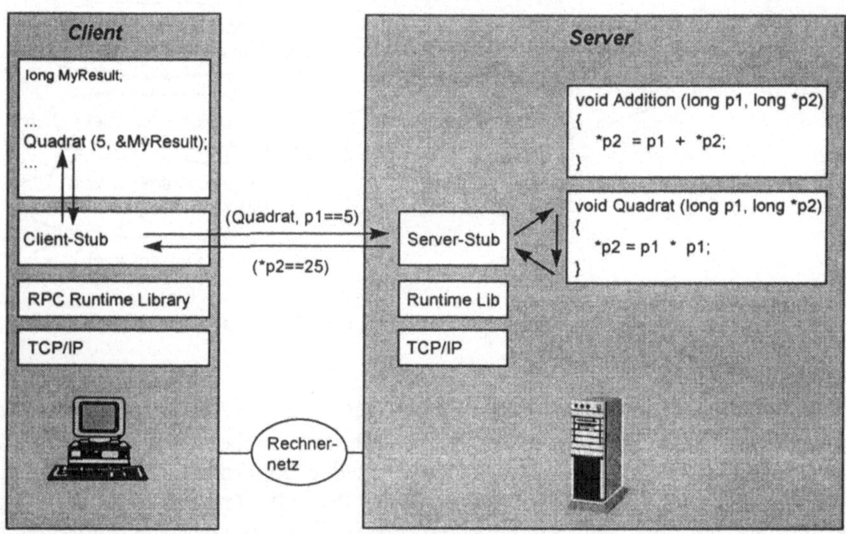

Abb. 2.3 Prinzipieller Ablauf eines RPCs

Durch die aus der IDL-Beschreibung generierten und dem Client und dem Server entsprechend beigebundenen Stubs wird der Aufruf der Prozedur Quadrat mit seinen aktuellen Werten (in diesem Fall dem Wert „5" des ersten Parameters) transparent für den Programmcode des Clients zum Server transportiert. (Für das eigentliche Versenden der Nachrichten nutzen die Stubs die DCE Runtime

Library, die in diesem Beispiel wiederum auf dem TCP/IP-Protokoll basiert. Dies ist jedoch für die Beschreibung hier nicht wesentlich.) Im Server ist die Prozedur Quadrat implementiert. Sie wird in diesem Beispiel dort lokal mit dem aktuellen Parameterwert „5" aufgerufen.

Nach der Prozedurausführung im Server müssen die Ergebniswerte an den Client zurückgesendet werden. Da in der IDL der zweite Parameter als Rückgabewert der Prozedur Quadrat definiert wurde, weiß der Server-Stub, daß er nach Prozedurausführung den zweiten Parameterwert an den Client zurücksenden muß. Nach Empfang dieses Wertes übergibt ihn der Client-Stub an die Integer-Variable *My-Result*. Damit ist der RPC-Aufruf der Prozedur Quadrat beendet.

Bei Remote Procedure Calls sind eine Reihe weiterer Aspekte sehr interessant. Auf einige Details soll im folgenden eingegangen werden.

Lokalisieren des Servers. Bevor der RPC-Aufruf vom Client zum Server gesendet werden kann, muß der Server lokalisiert werden. Benötigt wird vor allem die Netzadresse desjenigen Rechners, auf dem der Server läuft, und das vom RPC-Mechanismus zu verwendende Kommunikationsprotokoll (z.B. UDP/IP oder TCP/IP). Diese sogenannte *Bindeinformation* kann der Client aus einer Datei oder direkt vom Benutzer abfragen und anschließend als String bereitstellen (*string binding*). Üblicher ist es jedoch, daß ein Client diese Information aus dem DCE-Namensraum erfragt.

Hierzu hinterlegt („*exportiert*") jeder Server die ihn betreffende Bindeinformation im DCE-Namensraum. Das heißt der Name des Servers wird als DCE-Name im Namensraum eingetragen. Zusammen mit jedem DCE-Namen speichert DCE Zusatzinformationen, sogenannte *Attribute*. In einem dieser Attribute wird die Bindeinformation als Attributswert abgespeichert. Möchte ein Client einen speziellen Server kontaktieren, so kann er unter dem Namen des Servers im DCE-Namensraum dessen Attributswerte und damit die Bindeinformation des Servers einlesen (die Bindeinformation „*importieren*").

Anstatt einen speziellen Server zu benennen, kann ein Client auch DCE die Auswahl des Servers überlassen und lediglich die Lokalisierung eines beliebigen Servers wünschen, der einen bestimmten Dienst anbietet. Hierzu muß im DCE-Namensraum ein *Gruppen-Eintrag* abgelegt werden, der (direkt oder indirekt) alle Server benennt, die den gleichen Dienst anbieten. Ein Gruppen-Eintrag ist ein DCE-Namenseintrag, in dessen „RPC_Group"-Attribut eine Reihe von Server-Namen oder auch weitere Gruppen-Einträge aufgeführt sind. Beispielsweise könnte es einen Gruppen-Eintrag */.:/backup_servers* geben, in dessen RPC_Group-Attribut zwei Backup-Server */.:/tape1_server* und */.:/tape2_server* genannt sind. Beide Server bieten den gleichen Dienst *backup_data* (mit der gleichen Schnittstellenkennung) an. Der Server */.:/tape1_server* sichere die Daten auf dem Bandgerät 1 und */.:/tape2_server* auf dem Bandgerät 2. Gibt der Client als Startpunkt der Suche nach der Bindeinformation den Gruppen-Eintrag */.:/backup_servers* an, so wählt DCE aus, ob der Dienst *backup_data* durch den Server */.:/tape1_server* oder */.:/tape2_server* erfolgt.

Ferner können mit *Profil-Einträgen* Suchpfade definiert werden. Ein Profil-Eintrag ist ein DCE-Namenseintrag, der in seinem Attribut „RPC_Profile" eine priorisierte Liste von Server-, Gruppen- oder auch weiteren Profil-Einträgen enthält.

Zum Importieren der Bindeinformation aus dem DCE-Namensraum stellt DCE Routinen bereit, die intern (für den Aufrufer der Routinen nicht sichtbar) nach folgendem Prinzip arbeiten. Die Suche beginnt bei einem durch den Aufrufer bereitzustellenden Startpunkt im DCE-Namensraum (d.h. einen DCE-Namen). Bei jedem während der Suche betrachteten DCE-Namen wird in dessen Attributen nach der Bindeinformation und ggf. nach weiteren ebenfalls noch zu überprüfenden DCE-Namen gesucht. Die Überprüfung erfolgt in folgender Reihenfolge. Zunächst wird nach ggf. vorhandenen Bindeinformationen gesucht, dann nach ggf. vorhandenen Gruppeninformationen und schließlich nach ggf. vorhandenen Profilinformationen.

Wird während der Suche im aktuell betrachteten DCE-Namen eine passende Bindeinformation gefunden, so handelt es sich um einen Server-Eintrag. Die Routine liefert die Bindeinformation zurück und beendet die Suche.

Andernfalls wird in dem aktuell betrachteten DCE-Namen nach der Gruppeninformation im RPC_Group-Attribut gesucht. Ist eine solche vorhanden, handelt es sich um einen Gruppen-Eintrag und die Routine ruft sich in beliebiger Reihenfolge nacheinander mit allen darin genannten Server- bzw. Gruppen-Einträgen rekursiv auf (Tiefensuche). Wird während der Rekursion eine passende Bindeinformation gefunden, liefert die Routine die Bindeinformation zurück und beendet die Suche.

Wird im aktuell betrachteten DCE-Namen keine Gruppeninformation im RPC_Group-Attribut gefunden, so wird als letztes noch überprüft, ob Profilinformationen vorhanden sind. Falls ja, handelt es sich bei dem betrachteten Eintrag um einen Profil-Eintrag und die Routine ruft sich rekursiv in der Reihenfolge der im Eintrag angegebenen Prioritäten nacheinander mit allen der dort angegebenen Server-, Gruppen- bzw. Profil-Einträgen auf, bis durch die Rekursion ggf. eine passende Bindeinformation gefunden wird, die die Suche erfolgreich beendet. (Wie oben in Tiefensuche; Einträge mit gleicher Priorität werden in beliebiger Reihenfolge aufgerufen.) Der Aufrufer der Routine sieht von diesem Protokoll nichts. Er erhält lediglich am Ende eine Bindeinformation zurück, sofern eine solche gefunden wurde.

Anzumerken ist, daß es auch DCE-Routinen gibt, die in einem einzigen Suchvorgang Bindeinformationen für mehrere Server ermitteln, die den gleichen Dienst erbringen können. In diesem Fall kann der Aufrufer nach eigenen Kriterien aus allen gefundenen Servern einen auswählen. Der Algorithmus dieser Routinen ist prinzipiell der gleiche wie oben beschrieben, wobei jedoch die Suche erst abgebrochen wird, wenn keine weiteren Bindeinformationen zu in Frage kommenden Servern mehr gefunden werden. Über einen Parameter kann zusätzlich die maximale Anzahl an zurückzuliefernden Bindeinformationen festgelegt werden.

Der gesamte *Bindevorgang* („das *Binden*") umfaßt nicht nur das Ermitteln der Bindeinformation, sondern auch die Übergabe dieser Information an den RPC-Mechanismus. Für das Binden gibt es in DCE die im folgenden beschriebenen drei Realisierungsmöglichkeiten, mit unterschiedlichem Programmieraufwand, aber auch unterschiedlicher Flexibilität.

Die einfachste Variante ist das *automatische Binden*. Hier muß der Programmierer im Client-Code lediglich die RPC-Prozedur aufrufen. Insbesondere müssen aus Sicht des Programmierers im Client-Programm-Code keine Bindeinformationen ermittelt werden. DCE führt das Binden automatisch und für den Programmierer nicht sichtbar durch. Lediglich der Startpunkt der Suche – ein Server-Eintrag, Gruppen-Eintrag oder Profil-Eintrag – muß in der Umgebungsvariablen RPC_DEFAULT_ENTRY vorgegeben werden. Bei späteren RPC-Aufrufen des Clients von Prozeduren der gleichen Schnittstelle wird die beim ersten Aufruf von DCE ermittelte Bindeinformation direkt verwendet, so daß eine erneute interne Suche eingespart wird.

Bei den zwei anderen Varianten des Bindens wird die Ermittlung der Bindeinformation jeweils durch den Programmierer im Client-Code programmiert und an einer vordefinierten Stelle im Client-Code abgespeichert. Die Programmierung der Ermittlung der Bindeinformation basiert entweder auf einem string binding oder dem Aufruf der oben diskutierten Routinen zum Import der Bindeinformation aus dem DCE-Namensraum. Die vordefinierte Stelle zur Übergabe der Bindeinformation bestimmt die Bindevariante:

- Ist die vordefinierte Stelle eine globale Variable in der Client-Applikation, die der Stub beim Aufruf eines entsprechenden RPCs implizit auf einen möglichen Inhalt überprüft, so wird von *implizitem Binden* gesprochen. Der Name der globalen Variablen läßt sich in einer *ACF (Attribute Configuration File)* genannten Konfigurationsdatei vorgeben.

- Ist die vordefinierte Stelle der erste Parameter in der Parameterliste des RPCs-Aufrufs selbst, so wird bei jedem solchen RPC-Aufruf die Bindeinformation explizit übergeben (und der gewünschte Server damit pro Aufruf jeweils explizit vorgegeben). Diese Bindemethode wird daher *explizites Binden* genannt. Der Umstand, daß die Bindeinformation zu Beginn der Parameterliste steht, muß in der ACF spezifiziert werden.

Implizites und explizites Binden haben den Vorteil, bei mehreren Servern, die den gleichen Dienst anbieten, gezielter einen davon auswählen zu können (z.B. den geographisch nächsten). Sie erfordern jedoch einen höheren Programmieraufwand.

Versenden der Nachrichten. Ist durch das Binden die Adresse eines adäquaten Servers bestimmt, muß aus dem Prozeduraufruf im Client eine Nachricht gemacht werden, die dem Server gesendet wird. Hierzu werden durch die vom IDL-Compiler generierten Stubs (d.h. automatisch und für den Programmierer nicht sichtbar) Prozedurname und Parameter des Prozeduraufrufs in eine Folge von Bytes konvertiert (*Marshalling*). Diese zunächst einfach erscheinende Operation kann recht aufwendig sein, wie die folgenden Beispiele verdeutlichen:

- *Komplexe Prozedur-Parameter*
  Prozedurparameter in DCE-RPCs können auch komplexe Datenstrukturen sein. Beispielsweise muß im Fall, daß die Parameter dynamische Arrays oder

Pointerstrukturen sind, eine Wertkopie erzeugt werden, die auf der Gegenseite in Form einer Kopie identischen Inhalts aufgebaut und bereitgestellt wird.

- *Formatkonvertierungen*
  Clients und Server laufen üblicherweise auf verschiedenen Rechnern mit möglicherweise verschiedenen Betriebssystemen. Diese Rechner können z.B.

  - unterschiedliche Zeichenformate verwenden, etwa ASCII auf der Client-Seite und EBCDIC auf der Serverseite

  - unterschiedliche Zahlenformate verwenden:
    Neben verschiedenen Fließkommazahlenformaten ist insbesondere die Art der Hardware-Speicherung von 32 Bit großen ganzen Zahlen (Integer) zu nennen. Auf einigen Maschinen wird das niedrigstwertige Byte eines Integerwertes an der kleinsten Adresse abgespeichert *(little endian byte ordering)* auf anderen wird das niedrigstwertige Byte auf der höchsten Adresse abgespeichert *(big endian)*. Beispiele für little-endian-Maschinen sind etwa Intel 80x86, VAX und für big-endian-Maschinen Sun Sparc, Motorola 680x0, IBM 370.

  Da die Stubs durch die IDL die Struktur der zu übertragenden Nachricht kennen, können sie die Zeichen und Zahlenformate so konvertieren, daß sie letztlich im Empfänger richtig dargestellt sind.

Im Stub des Servers wird die Nachricht empfangen und wieder in einen Prozeduraufruf mit den entsprechenden aktuellen Parametern umgewandelt. Da die Prozedur im Server codiert ist, kann sie anschließend durch den Server-Stub (quasi stellvertretend für den Client) lokal im Server aufgerufen werden.

Am Ende des Prozeduraufrufs werden dessen Rückgabeparameter vom Server-Stub in eine Nachricht konvertiert und zum Client-Stub zurückgesendet. Dort werden aus der Nachricht die Rückgabewerte zurückgewonnen. Der ursprüngliche Prozeduraufruf im Client endet mit diesen Rückgabewerten, so als ob die Prozedur lokal ausgeführt worden wäre.

Ablauf der Kommunikation. Ein Programmierer kann den Ablauf eines RPCs in engen Grenzen beeinflussen. Eine Möglichkeit hierzu bietet die IDL. Durch Angabe gewisser Schlüsselwörter in der IDL können vom IDL-Compiler Stubs generiert werden, die sich in der Abwicklung des RPCs unterscheiden.

So kann in Grenzen festgelegt werden, wie auf gewisse Fehlerfälle reagiert werden soll. Was soll beispielsweise passieren, wenn die nach dem Marshalling erzeugte Nachricht an einen Server verschickt wird, der aufgrund einer temporären Störung des Rechnernetzes kurzzeitig nicht verfügbar ist? Eine Möglichkeit besteht hier im Abbruch des RPCs mit entsprechender Information des Clients. Diese RPC-Aufrufsemantik wird *at-most-once*-Semantik genannt, da der RPC-Aufruf im Fehlerfall nicht und im Normalfall genau einmal ausgeführt wird.

Eine zweite Möglichkeit, auf den Ausfall zu reagieren, besteht darin, kurze Zeit später erneut zu versuchen, den Server zu kontaktieren. Ist er inzwischen wieder erreichbar, kann der RPC normal zu Ende geführt werden. Bei diesem Vorgehen wird eine Nachricht also möglicherweise mehrfach an den Server gesendet, wenn der Client annimmt, die Nachricht sei noch nicht erfolgreich empfangen worden. Bei ungünstigen Ausfall- und Nachrichtenversende-Szenarien kann sogar der Fall eintreten, daß ein Server eine Nachricht mehrfach erfolgreich empfängt und die zugeordnete Prozedur deshalb auch mehrfach ausführt. Bei dieser zweiten Möglichkeit wird infolge eines einzelnen RPC-Aufrufs die zugehörige Prozedur im Server daher 0 mal, einmal oder mehrfach aufgerufen.

Für jede Prozedur kann der Programmierer in der IDL festlegen, welche Semantik er zuläßt. Die letztgenannte Semantik eignet sich dabei in der Regel nur bei *idempotenten* Prozeduren, d.h. bei solchen, bei denen die einfache oder mehrfache Ausführung ein gleichermaßen von der Applikationslogik her korrektes Ergebnis liefert. Ein Beispiel für eine idempotente Prozedur wäre eine, in der lediglich ein Wert aus einer schreibgeschützten Datei gelesen wird. Solche Prozeduren können in der IDL mit dem Schlüsselwort idempotent gekennzeichnet werden.

Ein Spezialfall der mit idempotent gekennzeichneten Prozeduraufrufe, bei der zusätzlich keine Rückmeldungen (z.B. Rückgabeparameter, Fehleranzeigen) erwartet werden, läßt sich in der IDL als may-be-Aufrufsemantik spezifizieren. Der RPC kann dadurch intern effizienter realisiert werden. Darüber hinaus bietet DCE die broadcast-Semantik an, bei der eine Nachricht per Broadcast in einem LAN an mehrere Server gesendet wird. Der RPC-Aufruf endet mit den Rückgabewerten aus der ersten empfangenen Antwort eines dieser Server. Alle Antworten für den gleichen RPC-Aufruf von anderen Servern werden ignoriert. Die broadcast-Semantik hat jedoch eine Reihe von Einschränkungen. Zum Beispiel ist sie auf lokale Netze beschränkt und die Eingabeparameter dürfen maximal 944 Bytes umfassen [17].

Schutz der Kommunikation. Schließlich kann der Programmierer aus den folgenden Schutzgraden wählen, die beim DCE-RPC angewendet werden können. Zum Setzen des Schutzgrades kann der Client die unten in Klammer angegebenen Konstanten der Routine rpc_binding_set_auth_info() als Parameter übergeben [19, Vol.1]. In der gezeigten Reihenfolge steigt jeweils der Schutz, aber auch der Laufzeitaufwand. Daher wird in der Regel ein Kompromiß aus Schutzgrad und Laufzeitaufwand gewählt:

- *Kein Schutz* (rpc_c_protect_level_none)

- *Authentifizierung beim Verbindungsaufbau von einem Client zu einem Server*
  Dies entspricht im Grunde dem verschlüsselten Handshake-Protokoll, das in Abschn. 2.3.2.1 gezeigt wird, allerdings ohne Verschlüsselung der RPC-Daten (rpc_c_protect_level_connect).

- *Authentifizierung pro RPC-Aufruf*
  Führt bei nicht verbindungsorientierten Protokollen zu Beginn eines jeden RPC-Aufrufs (d.h. wenn der Server eine RPC-Anfrage erhält) eine Authentifizierung durch. Bei verbindungsorientierten Protokollen (also z.B. TCP) wird

anstelle dieses Schutzgrades implizit auf den höheren Schutzgrad „Authentifizierung pro Paket" gewechselt (rpc_c_protect_level_call).

- *Authentifizierung pro Paket*
  Es wird sichergestellt, daß jede empfangene Nachricht tatsächlich vom erwarteten Client stammt (rpc_c_protect_level_pkt).

- *Authentifizierung und Integrität pro Paket*
  Mit einer angehängten kryptographischen Prüfsumme wird für jede Nachricht sichergestellt, daß keine der zwischen Client und Server ausgetauschten Daten modifiziert wurden (rpc_c_protect_level_pkt_integ).

- *Authentifizierung und Vertraulichkeit*
  Die Authentizität des Clients, die Integrität der zwischen Client und Server ausgetauschten Daten und deren Vertraulichkeit werden sichergestellt (rpc_c_protect_level_pkt_privacy).

Zugriff auf DCE ohne den DCE-RPC. Das GSS-*API (Generic Security Service Application Programming Interface)* ist eine Möglichkeit, von Applikationen auf DCE zuzugreifen, ohne den DCE-RPC zu verwenden. Das GSS-API wurde in den Request For Comments (RFC) 1508 und 1509 spezifiziert und von der Internet Engineering Task Force (IETF) standardisiert. Über diese Schnittstelle kann auf verschiedene Security-Systeme wie neben DCE z.B. auf SESAME in einheitlicher Weise zugegriffen werden. Das GSS-API ist seit dem OSF-Level 1.1 Teil des DCE-Produkts. Routinen des GSS-API-Standards beginnen mit dem Präfix „gss_". In Erweiterung bietet DCE zusätzliche Funktionen zum direkten Zugriff auf DCE-Security-Dienste an. Diese beginnen mit dem Präfix „gssdce_" [17].

Mit dem GSS-API lassen sich beispielsweise die Integrität und Vertraulichkeit der zwischen Client und Server ausgetauschten Nachrichten auf folgende Art und Weise schützen:

- *Integritätsschutz*
  Mit gss_sign() kann für eine gegebene Nachricht eine kryptographische Prüfsumme erstellt werden. Der Client muß diese zusammen mit der Nachricht selbst zum Server schicken. Der Server kann die Unverfälschtheit der Nachricht erkennen, indem er die kryptographische Prüfsumme mit gss_verify() überprüfen läßt. Intern kann zwischen verschiedenen Krypto-Algorithmen gewählt werden. Eine Möglichkeit ist z.B. das MD5-Verfahren.

- *Vertraulichkeit*
  Mit gss_seal() kann die zu versendende Nachricht mit einem Integritätsschutz versehen und zusätzlich verschlüsselt werden. Der Client kann diese so verschlüsselte Nachricht zum Server schicken, wo mit gss_unseal() die Nachricht entschlüsselt und die Integrität überprüft wird.

2.2 Der Namensdienst

2.2.1 Namen

Zweck. Der Namensdienst verwaltet *symbolische Namen*. Durch Namen können:

- Ressourcen im Gesamtsystem (d.h. in der gleichen oder einer anderen Zelle) von DCE global eindeutig bezeichnet werden,
- Zusatzinformationen für die Ressourcen in sogenannten *Attributen* gespeichert werden,
- Zugriffsrechte auf den Namen selbst sowie die mit einem Namen assoziierte Ressource definiert werden.

Zugriffsrechte. Die Zugriffsrechte werden in Form von Access Control Lists (ACLs) zugeordnet. Da sie zur Realisierung eines Sicherheitsaspekts dienen, werden sie im Zusammenhang mit dem Security-Dienst in Abschn. 2.3.3 besprochen.

Attribute. Ein Attribut besteht aus einem Attributsnamen und ein oder mehreren Attributswerten. Darüber hinaus werden dem Attributsnamen eine global eindeutige numerische Kennung zugeordnet und eine Charakterisierung der Syntax erlaubter Attributswerte. Für das Attribut *CDS_LastSkulk* (welches den Zeitpunkt der zuletzt durchgeführten Replikats-Aktualisierung beschreibt, siehe unten) ist die Kennung beispielsweise 1.3.22.1.3.42 und die Syntaxbeschreibung *timestamp*. Dabei stehen die Ziffern in der Kennung in diesem Beispiel für (von links nach rechts): 1 ISO, 3 eine identifizierte Organisation, 22 OSF, 1 DCE, 3 CDS, 42 CDS_LastSkulk.

Viele Attribute wie CDS_LastSkulk sind bereits durch DCE vordefiniert. Attribute können jedoch auch benutzerdefiniert sein. Für einen Namenseintrag *Print-Server* könnte ein Administrator z.B. die Attribute *Druckername, Druckerstandort* und *Druckerart* definieren und ihnen die Werte *MyPrinter, Raum240, Color600dpi* zuordnen. Attribute lassen sich mit dem dcecp-Befehl set object <DCE-Name> <Attribut-Name> = <Attribut-Wert> setzen und mit show object <DCE-Name> <Attribut-Name> anzeigen. Für jedes neue Attribut sollte zusätzlich darauf geachtet werden, daß eine eindeutige Kennung vergeben wird und diese zusammen mit dem Attributsnamen und der Syntax in der Datei /opt / dcelocal / etc / cds_attributes vermerkt wird.

Die Lokalisierung von Ressourcen (z.B. einem Server, der einen bestimmten Dienst anbietet) wird durch die den entsprechenden DCE-Namen zugeordneten Attribute unterstützt, indem dort z.B. die Bindeinformation der Ressource gespeichert ist (siehe Abschn. 2.1.3).

Sollten später beispielsweise Applikations-Server auf andere Rechner der gleichen Zelle ausgelagert werden (um so die Rechner gleichmäßiger auszulasten oder um den ursprünglichen Rechner zu warten), so wird die Bindeinformation bei dem entsprechenden symbolischen Namen geändert. Programme, die diesen Server suchen, müssen weder umkonfiguriert noch neu übersetzt werden. Auf diese Weise bleibt der Programmcode unverändert, auch wenn die tatsächliche

Verteilung der Ressourcen sich ändert *(Ortstransparenz)*. Diese Flexibilität ist in verteilten Systemen sehr wünschenswert.

Namensbildung. Namen werden in DCE in einer eigenen DCE-spezifischen Art gebildet. Der Zellenname bildet dabei den Anfang eines vollständigen DCE-Namens. Er wird entweder in Form eines DNS- oder X.500-Namens spezifiziert, je nachdem, ob im Mehrzellenfall die Zellen über den DNS- oder X.500-Namensdienst lokalisiert werden sollen (siehe unten). Beispiele für Namen sind:

> Mit X.500:   /.../C=de/O=MyCompany/OU=dce_ cell/projects/print_server
> Mit DNS: /.../dce_cell.MyCompany.de/projects/print_server

wobei

- */...*
  für den global eindeutigen „Anfang" (die Wurzel) des Namensraums steht

- */.../C=de/O=MyCompany/OU=dce_ cell*
  der nach X.500 gebildete Zellenname ist. Die vor dem Gleichheitszeichen stehenden Abkürzungen charakterisieren dabei jeweils den rechts davon stehenden Wert. „C" steht für *Country*, „O" für *Organization* und „OU" für *Organizational Unit*. X.500-Namen sind also typisiert (im Gegensatz zu DNS-Namen).

- */.../dce_cell.MyCompany.de*
  der gleiche, nun jedoch nach DNS gebildete Zellenname ist. Wie X.500-Namen sind DNS-Namen hierarchisch aufgebaut. Die Hierarchie verläuft hier dabei von rechts nach links (im Beispiel ist „de" für „Deutschland" die oberste Stufe).

- *projects/print_server*
  der in beiden Fällen gleiche Ressourcen-Name innerhalb der Zelle ist.

Abkürzend für den Zellennamen /.../dce_cell.domain.de bzw. /.../ C=de / O=MyCompany / OU=dce_cell kann innerhalb der gleichen Zelle auch

> */.:*

geschrieben werden. Obige Ressource würde somit z.B. innerhalb der Zelle /.../dce_cell.domain.de/ auch unter dem Namen /.:/projects/print_server angesprochen werden können.

2.2.2 Der Namensraum

Die Menge aller DCE-Namen eines DCE-Gesamtsystems bilden den *DCE-Namensraum*. Wie die oben gezeigten Namensbeispiele bereits andeuten, ist der DCE-Namensraum hierarchisch organisiert: Die Wurzel hat den Namen „/...". Es folgt eine Unterscheidung nach verschiedenen Zellen, und darunter stehen jeweils die Namen von Ressourcen in diesen Zellen. In Analogie zu Dateisystemen seien Namen, die in dieser hierarchischen Struktur weitere Namen enthalten, hier auch *Verzeichnisse* genannt.

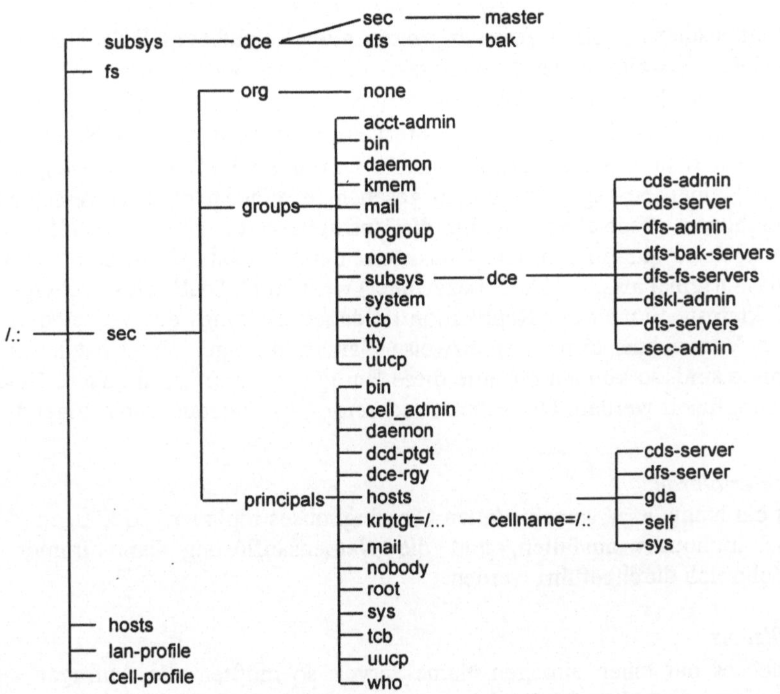

Abb. 2.4 Struktur des Default-Namensraums

Per Default hat der DCE-Namensraum die in Abb. 2.4 ausschnittsweise gezeigte Struktur. Ohne auf die Bedeutung der einzelnen Namen und Verzeichnisse im Detail näher einzugehen (was auch zum Verständnis hier nicht erforderlich ist), sei erwähnt, daß nur ein Teil des Namensraums durch den Name-Server selbst verwaltet wird. Hierzu gehören beispielsweise die Namen *subsys, hosts, lan_profile, cell_profile*. Bestimmte DCE-Server, wie z.B. der Security-Server, verwalten jedoch „ihren" Teil des Namensraums selbst. So verwaltet der Security-Server den Eintrag *sec*, in dem alle Benutzer (in DCE werden Benutzer *Principals* genannt) mit ihren Gruppen und Organisationszugehörigkeiten eingetragen sind.

Die Verzweigung wird intern automatisch realisiert, indem jedes Mal, wenn der Namensdienst einen mit /.:/sec beginnenden Namen interpretiert, der Rest des Namens an den Security-Server übergeben wird. Der Security-Server behandelt diesen Restnamen dann auf seine eigene Art und Weise. Vereinfacht, dafür aber anschaulich, läßt sich *sec* auch als eine Datei auffassen, die die Datenstrukturen *principals, groups, org* und deren Unterverzeichnisse in einem speziell geschützten Format aufnimmt. Diese „Datei" ist letztlich die Datenbank, die durch den Security-Server verwaltet wird.

2.2.3 Wichtige Komponenten des Namensdiensts

Der Namensdienst stellt Namen in einem global sichtbaren DCE-Namensraum bereit. Die Verwaltung der Namen wird durch ein oder mehrere *Name-Server* realisiert (manchmal auch *Cell Directory Server* oder *CDS* genannt). Intern ist jedem Namé-Server hierbei ein Repository zugeordnet, in dem die Namenseinträge gespeichert sind. Ein solches Repository wird in DCE *Clearinghouse* genannt.

Jeder Namenseintrag sollte global gesehen in mindestens zwei verschiedenen Clearinghouses gespeichert sein, um die Verfügbarkeit auch bei Ausfall eines der Server noch zu garantieren. Die Konsistenz der Replikate (in diesem Buch wird auch das Original als „Replikat" bezeichnet) wird durch DCE selbst sichergestellt.

Die kleinste Einheit der Replikation ist dabei allerdings ein Verzeichnis. Enthält ein Verzeichnis also beispielsweise Namenseinträge, die selbst keine Verzeichnisse sind, so können nur alle diese Einträge zusammen in andere Clearinghouses repliziert werden. Der Einsatz mehrerer Clearinghouses hat folgende Vorteile:

* *Fehlertoleranz*
  Ist ein Name in N verschiedenen Clearinghouses repliziert, so können $N-1$ der Clearinghouses ausfallen, und die Namensauflösung kann immer noch erfolgreich durchgeführt werden.

* *Effizienz*
  Gäbe es nur einen einzigen Name-Server, so müßten alle Anfragen an den Namensdienst über das Rechnernetz auf diesen einen Server geleitet werden. Das Clearinghouse-Konzept schafft hier Abhilfe, indem jeder Eintrag des Namensraums in mehreren Clearinghouses physisch repliziert gespeichert werden kann. Namen, die nur an einem einzigen Ort gebraucht werden, können in einem Clearinghouse in der Nähe dieses Ortes gespeichert werden.

Applikationsprozesse kommunizieren i.a. nie direkt mit dem Name-Server. Vielmehr kommunizieren sie über eine feste Schnittstelle mit einem Stellvertreter-Prozeß, der *CDS-Clerk* (oder synonym auch *CDS-Client*) genannt wird. Als Schnittstelle kann hierbei die XDS-Schnittstelle oder (meist indirekt bei Verwendung des RPCs) die NSI-Schnittstelle verwendet werden. Der CDS-Clerk läuft auf dem gleichen Rechner wie die Applikation und führt unter anderem ein Caching durch.

2.2.4 Der Namensdienst innerhalb einer Zelle

Das folgende Beispiel zeigt den prinzipiellen internen Ablauf, mit dem ein DCE-Name und die zusammen mit ihm abgespeicherten Attribute im Namensdienst gefunden werden können, obwohl der globale Namensraum intern letztlich partitioniert und repliziert auf mehrere Rechner verteilt gespeichert ist. In dem Beispiel wird die Adresse eines Servers gesucht, um ihn anschließend per RPC zu kontaktieren.

Die gesuchte Adresse besteht im Normalfall aus zwei Teilen, der *Netzadresse* (bei Verwendung des TCP/IP-Protokolls der IP-Adresse) und einem *Endpunkt* (einem *Port* im TCP/IP-Protokoll).

Die Namensauflösung geschieht in zwei Schritten. Zunächst wird der Namenseintrag des gesuchten Servers im DCE-Namensraum ermittelt. Aus einem von dessen Attributen läßt sich die Netzadresse des Servers ablesen, d.h. im Beispiel die IP-Adresse des Rechners, auf dem der Server läuft. In einem zweiten Schritt kann dann über die IP-Adresse dieser Rechner kontaktiert werden. Dabei wird der auf diesem Rechner laufende *DCE-Dämon* beauftragt, in der von ihm verwalteten *Endpoint Map* (einer Liste aller von diesem Rechner bezüglich DCE verwalteten Endpunkte) den Endpunkt des gesuchten Servers zu benennen, an dem dieser auf den Empfang von RPC-Anfragen wartet.

Die Zweiteilung der Namensauflösung mag auf den ersten Blick ungeschickt erscheinen. Schließlich könnte der Endpunkt auch zusammen mit der Netzadresse im CDS-Namensraum verwaltet werden. Die zusätzliche Anfrage an den DCE-Dämon entfiele dann. Allerdings hätte dies den folgenden Nachteil.

Endpunkte erlauben, eine ankommende Nachricht dem richtigen (von eventuell mehreren auf dem gleichen Rechner auf den Empfang von Anfragen wartenden) Server zu übergeben. Applikations-Server verwenden typischerweise jedoch nicht fest zugeordnete Endpunkte. Vielmehr lassen sie sich bei jedem Reboot vom Betriebssystem aktuell freie Endpunkte zuordnen. Im allgemeinen erhalten sie dabei jedesmal andere Endpunkt-Nummern. Wäre der Endpunkt zusammen mit der Netzadresse gespeichert, so müßten in diesem Fall bei jedem Reboot die Endpunkteinträge aller auf diesem Rechner laufenden Applikations-Server in den entsprechenden DCE-Namen des DCE-Namensraums (und deren Replikaten) aktualisiert werden. Es entstünde ein nicht unerheblicher Aktualisierungsaufwand.

Es sei jedoch angemerkt, daß in Spezialfällen eine statisch Zuordnung von Endpunkten auch sinnvoll sein kann. DCE erlaubt daher durch Spezifikation in der IDL statische Endpunkte zu verwenden. Bei jedem Reboot verwendet der Server dann den gleichen Endpunkt, und die Interaktion mit dem DCE-Dämon entfällt.

Abb. 2.5 zeigt die Namensauflösung an einem Beispiel im Detail. Die Applikation bestehe aus mehreren Applikations-Clients und -Servern. Die Applikations-Server seien gemäß der Applikationslogik in zwei Gruppen, *GruppeA* und *GruppeB* aufgeteilt und entsprechend benannt. Im Beispiel möchte ein Applikations-Client einen Applikations-Server mit Namen */.:/AppServer/GruppeB/B1* im Rahmen eines RPC-Aufrufs kontaktieren:

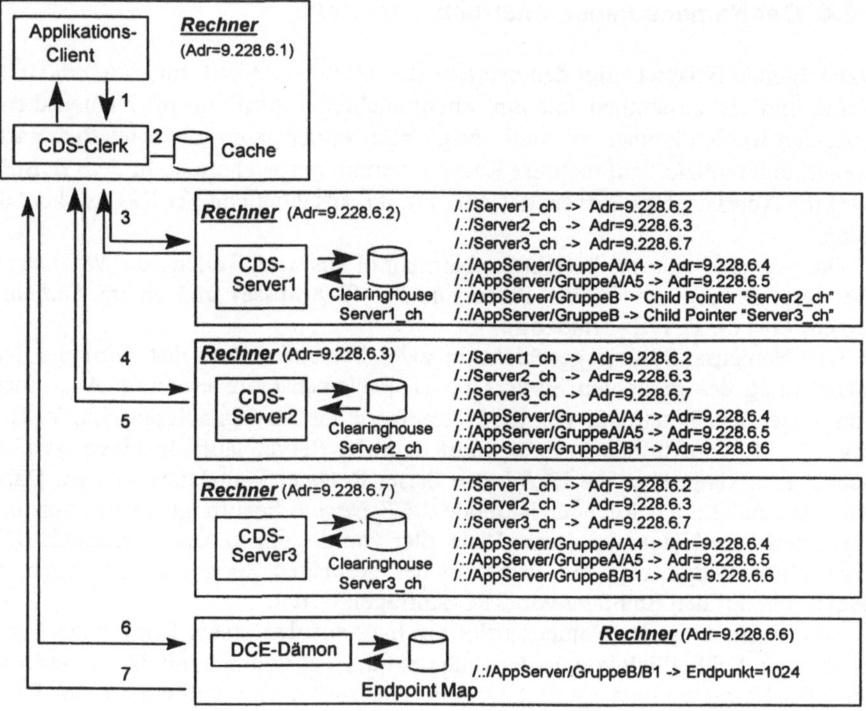

Abb. 2.5 Zugriff auf Name-Server und ihre Clearinghouses

1. Um den Applikations-Server zu finden, wird der DCE-Clerk während des
   Bindevorgangs beauftragt, die aktuelle Adresse des Applikations-Servers zu
   ermitteln.

2. Der Clerk schaut zunächst im eigenen lokalen Cache nach. Wurde kurz vorher
   der gleiche Server gesucht, so wäre die Adresse bereits im Cache und sie würde sofort der Applikation zurückgeliefert werden. Ist dies nicht der Fall, sucht
   der Clerk eigenständig weiter. Der gesuchte Name */.:/AppServer/GruppeB/B1*
   wird hierzu von links nach rechts interpretiert. Aus dem Anfang */.:* folgt, daß
   der Name in der lokalen Zelle verwaltet wird. Deshalb wird ein beliebiges bekanntes Clearinghouse der lokalen Zelle nach diesem Namen gefragt.

   Welche Clearinghouses sind dem CDS-Clerk jedoch bekannt? Mindestens
   ist ihm das Clearinghouse (bzw. der CDS-Server) bekannt, das ihm bei der Installation der DCE-Client-Software durch den Administrator initial mitgeteilt
   wurde. Herstellerabhängig kann pro DCE-Client z.T. auch eine priorisierte Liste von *preferred Clearinghouses* konfiguriert werden. Ein solches preferred
   Clearinghouse ist z.B. ein geographisch nahegelegenes. Durch die Nennung in
   der Liste mit einer hohen Priorität wird es bevorzugt verwendet werden. Darüber hinaus wird eine Liste mit weiteren Clearinghouses, deren Adresse bei

früheren Anfragen zur Namensauflösung ermittelt wurde, im Cache gespeichert. Sei hier das Clearinghouse *Server1_ch* ausgewählt.

3. Im Beispiel kann *Server1_ch* den ganzen Namen jedoch leider nicht auflösen. *Server1_ch* weiß jedoch, daß bei allen Namen, die mit */.:/AppServer/GruppeB* beginnen, die Clearinghouses *Server2_ch* und *Server3_ch* weiterhelfen können. Dieses Wissen leitet er aus *Child Pointer* ab, d.h. einem Hinweis auf Unterverzeichnisse, die als Replikat in anderen CDS-Servern bzw. Clearinghouses verwaltet werden. Child Pointer werden automatisch durch DCE beim Replizieren von Verzeichnissen angelegt.

   Der Child Pointer liefert nur den Namen des Clearinghouses. Um das Clearinghouse selbst zu kontaktieren, wird aber dessen Netzadresse benötigt. Die Netzadressen aller Clearinghouses der lokalen Zelle stehen im Wurzelverzeichnis */.:/* des Namensraums. Da diese Wurzel einschließlich ihrer Einträge typischerweise in jedem Clearinghouse bei der Konfiguration des DCE-Systems repliziert wird, wird die Netzadresse leicht gefunden (im Beispiel die Netzadresse 9.228.6.3).

4. Der CDS-Clerk konsultiert daraufhin das Clearinghouse *Server2_ch* über die Netzadresse 9.228.6.3 und fragt auch dort nach dem Namen */.:/ AppServer / GruppeB / B1*.

5. Da *Server2_ch* den gesuchten Namen verwaltet, kann er die Netzadresse des Servers *B1* an den CDS-Clerk zurückliefern (9.228.6.6).

6. Sobald der Clerk die Rechneradresse des Applikations-Servers kennt, spricht er den DCE-Dämon auf diesem Rechner an. Der Endpunkt, an dem der DCE-Dämon auf Anfragen wartet, ist auf jedem Rechner gleich (bei TCP/IP z.B. typischerweise Port 135) und daher bekannt.

7. Der DCE-Dämon findet den Endpunkt des Applikations-Servers *B1* in der von ihm verwalteten Endpoint Map. Rechneradresse und Endpunkt zusammen bilden die physische Adresse des gesuchten Objekts; sie werden durch den Clerk an die Anwendung zurückgeliefert und im Cache gespeichert.

Anhand des Beispiels läßt sich auch der Vorteil der Replikation veranschaulichen. Angenommen, die Applikation hätte den Applikations-Server */.: / AppServer / GruppeB / B1* zu einem Zeitpunkt gesucht, zu dem der *CDS-Server2* temporär nicht erreichbar wäre.

Mit dem gleichen Mechanismus wie im obigen Beispiel wird zunächst der Child Pointer nach *Server2_ch* konsultiert. Dabei wird festgestellt, daß der *CDS-Server2* (und damit das Clearinghouse *Server2_ch*) aktuell nicht kontaktiert werden kann. Es wird deshalb der zweite Child Pointer zu */.:/AppServer/GruppeB* im Clearinghouse *Server1_ch* verwendet. Dieser zeigt auf das Clearinghouse *Server3_ch*. Der Namenseintrag wird im Clearinghouse *Server3_ch* schließlich wie oben beschrieben gefunden. Dies zeigt, daß durch Replikation Server-Ausfälle toleriert werden können. Für die Applikation ist dieser Vorgang nicht sichtbar.

Der zur Verwendung von Replikaten in Clearinghouses erforderliche Mehraufwand beschränkt sich im wesentlichen darauf,

- zu konfigurieren, welche Clearinghouses, welche Replikate (Verzeichnisse) verwalten sollen. Von allen Replikaten des gleichen Namens kann maximal eines als beschreibbares Replikat definiert werden (*Master-Replikat*). Es müssen jedoch nicht alle Master-Replikate im gleichen Clearinghouse verwaltet werden.

- im Fall von Änderungen Maßnahmen zur Erhaltung der Konsistenz durchzuführen.

Änderungen im CDS-Namensraum werden im Master-Replikat (d.h. dem einzigen beschreibbaren Replikat eines Namenseintrags) unmittelbar durchgeführt. Die Aktualisierungen der Nur-Lese-Replikate werden durch DCE mittels *Skulk-Operationen* realisiert. Ein Administrator kann die Aktualisierung von Replikaten wie im folgenden beschrieben beeinflussen.

Ist seitens der Applikationen eine sofortige Konsistenz nicht unbedingt erforderlich, so können mehrere Aktualisierungen zusammengefaßt und zu einem späteren Zeitpunkt automatisch durchgeführt werden *(verzögerte Aktualisierung)*. Durch die Zusammenfassung mehrerer Änderungen wird insgesamt eine höhere Effizienz erreicht als durch die jeweils sofortige Aktualisierung.

Der Zeitabstand kann für jedes Master-Replikat individuell über ein zum Replikat gehörendes Attribut (CDS_Convergence) beeinflußt werden. Der Wert dieses Attributs wird *Konvergenzlevel* genannt und kann vom Administrator auf einen der Werte low, medium oder high gesetzt werden. Die verschiedenen Konvergenzlevel haben im CDS folgende Wirkung [14]:

- *Niedriges Konvergenzlevel* (CDS_Convergence=low): Änderungen werden nicht sofort propagiert, sondern gesammelt und mindestens alle 24 Stunden einmal versucht, in allen Replikaten zu aktualisieren.

- *Mittleres Konvergenzlevel* (CDS_Convergence=medium): Änderungen in einem Verzeichniseintrag werden im Master-Replikat durchgeführt und anschließend sofort versucht, in allen Replikaten nachzuführen. Gelingt dies in einzelnen Replikaten nicht, wird mindestens alle 12 Stunden einmal versucht, die fehlenden Aktualisierungen nachzuholen.

- *Hohes Konvergenzlevel* (CDS_Convergence=high): Zusätzlich zu dem Vorgehen bei mittlerem Konvergenzlevel wird bei Fehlschlagen des Aktualisierungsversuchs ein weiterer Versuch innerhalb der gleichen Stunde durchgeführt und anschließend stündlich gemacht, bis die Aktualisierung in allen Replikaten durchgeführt ist.

Die Skulk-Operation kann wie folgt gestartet werden:

- *Manuell durch einen Administrator:* Für ein Verzeichnis mit Namen V kann mit dem dcecp-Befehl directory synchronize V eine Skulk-Operation ausgelöst werden, die unmittelbar nach Aufruf versucht, Änderungen in V in allen Replikaten nachzuführen *(sofortige Aktualisierung)*. Alle erreichbaren Replikate werden sofort aktualisiert. Alle nicht erreichbaren Replikate werden gemäß dem *V* zugeordneten Konvergenzlevel später aktualisiert. Ein Replikat kann beispielsweise deswegen temporär nicht erreichbar sein, weil der Rechner ausgefallen ist, auf dem sich das zugehörige Clearinghouse befindet.

* *Indirekt durch den Namensdienst:* Der Namensdienst startet automatisch eine Skulk-Operation nach gewissen Änderungen im Namensraum (z.B. Erzeugen/Löschen von Replikaten).

* *Periodisch durch den Name-Server:* In periodischen Abständen initiiert der Name-Server eine Skulk-Operation für jedes Master-Replikat, das seit der letzten erfolgreich abgeschlossenen Skulk-Operation geändert wurde.

2.2.5 Der Namensdienst über Zellengrenzen hinweg

Zugriffe auf eine Ressource in einer anderen Zelle sind daran erkennbar, daß der Ressourcen-Name weder mit dem vollständigen mit /... anfangenden lokalen Zellennamen noch mit einem Alias-Namen dafür beginnt. (Ein Alias-Name für den lokalen Zellennamen beginnt mit „/.:"; ein Alias-Name für den lokalen DFS-Dateiraum beginnt mit „/:".) Wird einem CDS-Server ein solcher Name angeboten, so kann er ihn nicht selbst auflösen, da er lediglich die Ressourcen in seiner lokalen Zelle kennt und über Ressourcen in anderen Zellen keine Informationen besitzt.

Soll auf eine Ressource in einer anderen Zelle zugegriffen werden, so leitet der CDS-Clerk daher die Anfrage an einen weiteren Stellvertreterprozeß weiter, der *GDA (Global Directory Agent)* genannt wird. Der GDA benutzt bei der Suche der Netzadresse der anderen Zelle einen X.500- bzw. DNS-Name-Server, je nachdem, ob der Zellenname im X.500- oder DNS-Stil benannt ist. Als Ergebnis erhält der CDS-Clerk vom GDA die Adresse eines CDS-Servers in der fremden Zelle. Diesen kann der CDS-Server nun direkt kontaktieren. In diesem Buch seien zur vereinfachten Sprechweise beide Namensdienste, d.h. DNS und X.500 als *Global Name Service* (*GNS*) bezeichnet. Bezüglich beider Dienste ist folgendes zu beachten:

* Eine Änderung der Zellennamen ist nach Installation nur noch sehr schwer möglich. Dies impliziert auch, daß im Falle eines initialen Einzellen-Konzepts, zu dem später noch mehrere Zellen hinzukommen sollen, bereits der Name der initial vorhandenen Zelle international registriert sein muß (bei DNS-Namen über InterNic (bzw. deren Unterorganisationen), bei X.500-Namen über die ANSI).

* Eine Teilung einer Zelle in mehrere ist nach der Installation ebenfalls schwer.

2.3 Der Security-Dienst

Der Security-Dienst geht von folgendem Ablauf aus:

- *Registrierung:* Bevor DCE-basierte Applikationen genutzt werden können, muß ein DCE-Systemverwalter zwei Arten von Registrierungen vornehmen: Zum einen müssen für die Benutzer Accounts (pro Benutzer mit Principal-Namen, Paßwort, Gruppenzugehörigkeiten etc.) eingerichtet werden. Zum anderen müssen spezifisch für jede Applikation die Zugriffsrechte der Benutzer in Form von ACLs erfaßt werden.
- *Authentifizierung:* Sind die Registrierungen erfolgt, so muß der Benutzer sich (jedesmal vor Start der ersten von möglicherweise mehreren Applikations-Clients) mit seinem Paßwort in DCE anmelden („Login in DCE").
- *Autorisierung:* Nach Registrierung und Authentifizierung können in Client-Server-Applikationen jeweils bei Bedarf Zugriffsrechte überprüft werden, z.B. aufgrund eines Vergleichs der registrierten Gruppenzugehörigkeiten eines Benutzers mit den für den Zugriff relevanten ACLs.

Alle diese Leistungen werden vom Security-Server (*secd*-Prozeß) unterstützt; sie werden im folgenden näher betrachtet.

2.3.1 Registrierung

Der Registrierungs-Dienst des Security-Servers basiert intern auf einer Datenbank, in der die Security-Informationen abgespeichert sind. Da diese Datenbank alle Benutzernamen, deren Paßwörter etc. enthält, muß sie besonders geschützt werden. Neben dem Schutz vor unbefugtem Lesen oder Modifizieren und idealerweise auch einem physischen Zugangsschutz zu dem Ort, an dem der Security-Server betrieben wird, ist auch ein Ausfallschutz sinnvoll.

Zur Erreichung dieses Ausfallschutzes erlaubt DCE (zumindest ab dem OSF-Level 1.1), in der gleichen Zelle mehrere Replikate des Security-Servers zu betreiben. Jeder Security-Server verwaltet jeweils eine vollständige Kopie der Security-Datenbank. Nur bei einer dieser Kopien können jedoch alle Einträge gelesen *und* aktualisiert werden. Diese wird hier *Masterkopie* genannt und der entsprechende Server *Master-Security-Server*. Alle anderen Security-Server können die Einträge in ihrer Datenbank lediglich lesen. Die Konsistenz der Datenbank-Replikate wird von DCE intern sichergestellt. Erst wenn die Datenbank im Master-Security-Server erfolgreich aktualisiert wurde, werden die Änderungen in die Replikate propagiert. Kann dies nicht sofort geschehen, so werden die noch ausstehenden Änderungen im Master-Server protokolliert und periodisch versucht nachzuführen (ähnlich dem oben beschriebenen Mechanismus bei Namensdienst-Replikaten).

In der Datenbank werden vor allem Principals, Gruppen, Organisationen und Accounts registriert und verwaltet. Diese Einträge werden im folgenden begrifflich definiert und inhaltlich beschrieben.

Principals. Jede durch den Security-Server authentifizierbare Ressource wird in DCE *Principal* genannt. Neben Benutzern können insbesondere auch Rechner und Applikations-Server Principals sein.

Gruppen. Eine *(DCE-)Gruppe* ist eine Menge von Principals. Durch die Einführung von Gruppen können Zugriffsrechte auf Ressourcen gruppenweise vergeben und wieder entzogen werden. Dies ist ein erheblicher Vorteil. Zwei Beispiele sollen dies verdeutlichen:

- Enthält eine Gruppe N Principals, die bezüglich einer Ressource die gleichen Zugriffsrechte erhalten sollen, so müssen in der der Ressource zugeordneten Zugriffsliste (ACL, siehe Abschn. 1.2.4) nicht N einzelne Principal-Einträge mit jeweils den gleichen Zugriffsrechten gespeichert werden, sondern nur 1 Gruppen-Eintrag mit den gewünschten Zugriffsrechten. Durch die Einführung von Gruppen wird eine ACL in der Regel kürzer. Da die gleiche Gruppe i.a. in vielen verschiedenen ACLs angewendet werden kann, vervielfacht sich dieser Vorteil.
- Durch die Nennung von Gruppen (statt einzelner Benutzer) wird die Administration von ACLs einfacher. Sollte beispielsweise ein Mitarbeiter die Firma verlassen, so braucht dieser Mitarbeiter lediglich aus allen Gruppen entfernt zu werden, in denen er Mitglied ist. Ohne Gruppenkonzept hätten alle ACLs daraufhin überprüft werden müssen, ob der Mitarbeiter darin aufgenommen wurde oder nicht. Hinzukommt, daß die Zuordnung von Zugriffsrechten zu Gruppen i.a. wesentlich langlebiger ist, als die Zuordnung von Zugriffsrechten zu Mitarbeitern. (Mitarbeiter übernehmen des öfteren andere Aufgaben innerhalb einer Firma, wechseln die Abteilung etc.)

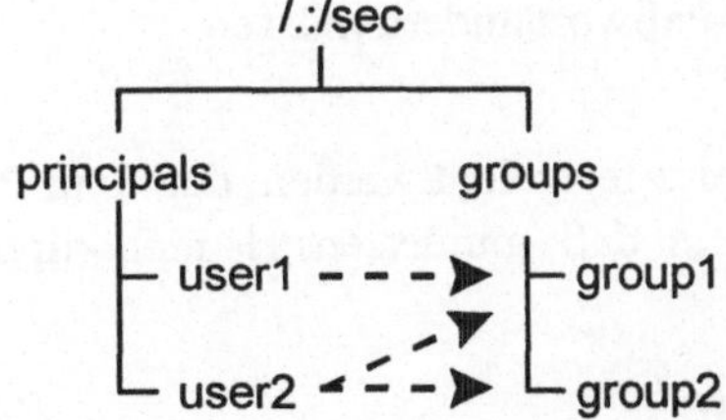

Abb. 2.6 Zugehörigkeit von Benutzern zu Gruppen

Die Zuordnung von Benutzernamen zu Gruppen kann beispielsweise über das Command-line-Interface von DCE in die Datenbank des Security-Servers erfolgen. In der Abb. 2.6 wird diese Zuordnung durch Pfeile angedeutet. Jeder DCE-Administrator, der einen neuen Benutzernamen (oder allgemeiner Principal) dort einträgt, hat dabei automatisch alle Änderungsrechte an diesem (verändern, löschen, Berechtigungen vergeben), kann also insbesondere die gerade getroffenen Rechtezuordnungen wieder ändern.

Durch die Definition einer Gruppe als Menge von Principals kann eine Gruppe allerdings leider keine (Unter-)Gruppen enthalten, was in der Praxis oft schade ist. Ein Beispiel soll dies verdeutlichen.

Angenommen, es gäbe die DCE-Gruppen

- *all* für alle Firmen-Mitarbeiter und
- *bstadt* für alle Firmen-Mitarbeiter aus einer Stadt mit Namen „B-Stadt".

Da die Mitarbeiter aus B-Stadt ein Teil der Menge aller Mitarbeiter der Firma sind, muß in DCE jeder Mitarbeiter aus B-Stadt zweimal erfaßt werden: einmal in der Gruppe *bstadt* und einmal in der Gruppe *all*. Die zweimalige Erfassung (und Verwaltung) könnte vermieden werden, wenn Gruppen geschachtelt werden dürften. Dann würde jeder Mitarbeiter aus B-Stadt einmalig in der Gruppe *bstadt* erfaßt. In der Gruppe *all* würde hingegen anstelle aller Mitarbeiter aus B-Stadt nur die Gruppe *bstadt* aufgenommen.

Organisationen. Eine *Organisation* ist ebenfalls als eine Menge von Principals definiert. Anders als Gruppen können einer Organisation hingegen keine Zugriffsrechte zugeordnet werden, sondern nur ein *Nutzungsprofil (Policy)*, das für alle in der gleichen Organisation zusammengefaßten Principals gleichermaßen gilt. Ein solches Nutzungsprofil enthält unter anderem:

- *Paßwort-Gültigkeitsdauer*
  Sei beispielsweise ein DCE-Organisationsname *all* eingerichtet, in dem alle Benutzer einer Firma Mitglied sind. Für alle Principals dieser Organisation könnte dann festgelegt werden, daß die Paßwort-Gültigkeitsdauer 30 Tage beträgt. Fortan würde DCE sicherstellen, daß alle Firmenmitarbeiter spätestens alle 30 Tage ihr DCE-Paßwort ändern müssen.

- *Paßwort-Format*
  Hier kann beispielsweise festgelegt werden, daß kein Paßwort aus weniger als N Zeichen besteht und daß mindestens 1 nicht-alphanumerisches Zeichen enthalten sein muß.

- *Ticket-Gültigkeitsdauer*
  Ein *Ticket* enthält in verschlüsselter Form u.a. einen Nachweis über die Identität eines Principals. Der Principal selbst kann dabei den Inhalt des Tickets weder lesen noch modifizieren. (Auf Tickets wird unten noch genauer eingegangen.) Die Ticket-Gültigkeitsdauer legt fest, nach Ablauf welcher Zeit seit seiner Erzeugung ein Ticket ungültig wird.

Accounts. Ein *Account* läßt sich als die Gesamtheit der Security-Informationen auffassen, die über einen Principal gespeichert sind. Hierzu gehören typischerweise Principal-Name, Nachname und Vorname, Paßwort, Datum, zu dem das Paßwort wieder ungültig wird, allgemeine Principal-Informationen (wie z.B. bei Benutzern ihre jeweilige Abteilung oder Büronummer in der Firma) usw. Ein Account besteht jedoch mindestens aus

- 1 Principal-Namen
- 1 Gruppe, in der dieser Principal Mitglied ist (*primary group*) und
- 1 Organisation, in der dieser Principal Mitglied ist *(primary organization).*

Darüber hinaus kann der Principal in weiteren Gruppen Mitglied sein (*secondary groups*) sowie in weiteren Organisationen.

Ein Account kann nur angelegt werden, wenn neben dem Principal auch mindestens eine Gruppe und eine Organisation spezifiziert werden. Umgekehrt wird ein Account automatisch gelöscht, wenn der zugehörige Principal aus der letzten Gruppe, in der er noch Mitglied ist, herausgenommen wird.

Um überhaupt erst einmal Principals erfassen zu können, ohne vorher bereits Gruppen und Organisationen definieren zu müssen, kann die Gruppe *none* und die Organisation *none* verwendet werden, die in DCE per Default vorhanden ist. Die Gruppe/Organisation *none* kann z.B. so verwendet werden, daß der Principal durch die Mitgliedschaft darin zunächst keine speziellen Rechte besitzt.

2.3.2 Authentifizierung

Neben der Registrierung von Principals und Privilegien (wie deren Gruppenzugehörigkeiten) ermöglicht der Security-Server vor allem die gegenseitige Authentifizierung von Principals. Unter *Authentifizierung* eines Principals A gegenüber dem Principal B wird der Vorgang verstanden, mit dem A gegenüber B seine Identität beweist (siehe auch Abschn. 1.2.3). Nach einer solchen Authentifizierung ist z.B. ausgeschlossen, daß jemand nur vorgibt, er sei Principal A (z.B. der Systemverwalter) und sich so mit den geltenden Zugriffsrechten von A unerlaubt Zugang zu Applikations-Daten verschafft (z.B. Gehaltsdaten von Firmenmitarbeitern). In DCE kann die Authentifizierung eines Benutzers mit dem Befehl dce_login durchgeführt werden. Der Benutzer gibt lediglich seinen Namen und sein Paßwort an. „Nicht-menschliche" Principals (Applikations-Server, Maschinen, Zellen usw.) können sich jedoch nicht auf diese Weise identifizieren. Sie müssen ihr Paßwort für die Authentifizierung aus einer typischerweise lokal gespeicherten, speziell geschützten Datei entnehmen (*keytab-file*).

Im folgenden wird das Grundprinzip veranschaulicht, das intern, für den Benutzer nicht sichtbar, bei einer Authentifizierung abläuft. Zunächst wird die Authentifizierung innerhalb der gleichen Zelle und danach die Authentifizierung über Zellengrenzen hinweg betrachtet.

2.3.2.1 *Authentifizierung innerhalb einer Zelle*

Der Authentifizierungs-Dienst in DCE baut auf dem *Kerberos*-Protokoll auf. Dieses geht prinzipiell davon aus, daß z.B. für die Authentifizierung von N Benutzern bei M verschiedenen Applikations-Servern nicht für alle möglichen Paare je ein Paßwort verwaltet werden sollte. Dies wären insgesamt $N{\times}M$ verschiedene Paßwörter, was für große Systeme bereits nicht mehr tragbar wäre (Abb. 2.7). Vielmehr verwaltet jeder Benutzer und jeder Server jeweils nur einen einzigen geheimen Schlüssel, mit dem er sich gegenüber einer vertrauenswürdigen, zentralen Instanz authentifizieren kann. Diese zentrale Instanz „erfindet" dann zur Laufzeit für jedes Paar von Benutzern und Servern temporär gültige, neue Schlüssel, über die diese Benutzer und Server sich authentifizieren können. Aus diesem Grund wird diese vertrauenswürdige Instanz auch *Key Distribution Center (KDC)* genannt. Sie ist in DCE als Teil des Security-Servers realisiert. Dieses Vorgehen erfordert insgesamt nur die Verwaltung von $N{+}M$ verschiedenen Paßwörtern, also erheblich weniger als bei obigem Ansatz [8].

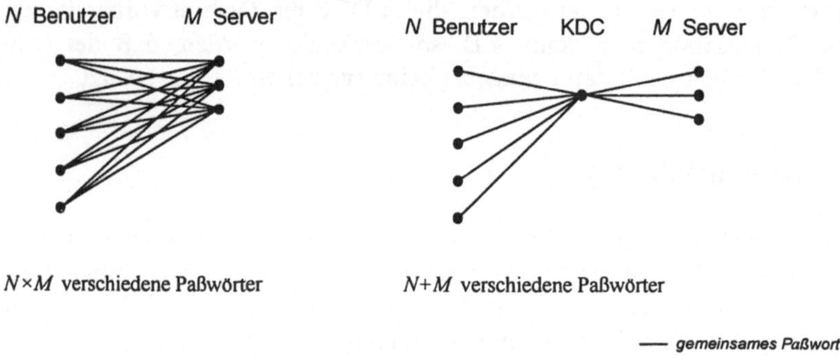

Abb. 2.7 Ein Grund für Key Distribution Centers

Betrachten wir nun ein Beispiel, um den groben Ablauf der Authentifizierung über den Security-Server zu verdeutlichen. Angenommen ein Benutzer A möchte einen Applikations-Client starten, der mit dem Applikations-Server B über eine gesicherte Kommunikationsverbindung RPCs austauscht. Der Schutzgrad kann bei RPCs gewählt werden (s. oben im Abschn. 2.1.3). Um das Prinzip zu erläutern, soll in diesem Beispiel „gesichert" folgendes bedeuten:

- Client und Server sollen sich beim Verbindungsaufbau gegenseitig authentifizieren.
- Die Autorisierung des RPC-Zugriffs soll überprüft werden.
- Der RPC soll verschlüsselt übertragen werden.

Als Ausgangssituation seien der Benutzer A und der Applikations-Server B im DCE-Security-Server S bereits registriert. S habe das geheime Paßwort s, A das

Paßwort a und B das Paßwort b. Alle Paßwörter seien bereits im Security-Server S gespeichert (Abb. 2.8).

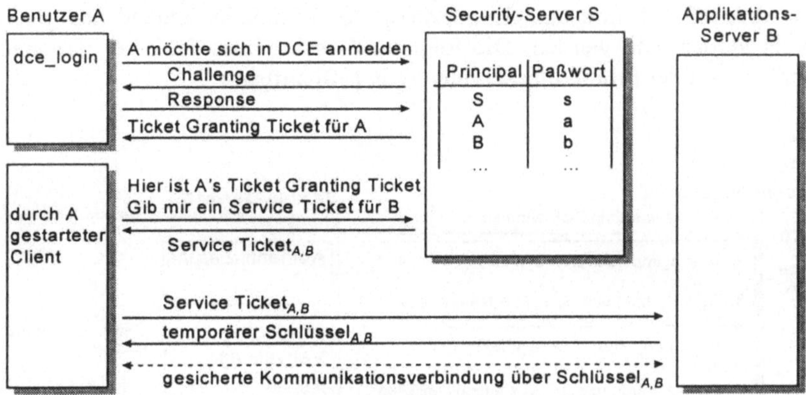

Abb. 2.8 Grober Ablauf der DCE-Authentifizierung

Bevor A den Applikations-Client starten kann, muß er sich in DCE, d.h. beim Security-Server S anmelden. Diese Anmeldung bewirkt eine Authentifizierung von A gegenüber S. Der Security-Server S akzeptiert die Authentizität von A, wenn A ihm im Rahmen eines Challenge-Response-Protokolls beweisen kann, daß er das Paßwort a kennt.

Nach erfolgreicher Authentifizierung von A gegenüber S stellt der Security-Server dem Benutzer A ein „Ticket" bereit. Ein *Ticket* ist eine i.a. nur temporär gültige, verschlüsselte Datenstruktur, die von einer vertrauenswürdigen Instanz (hier dem Security-Server) erzeugt wurde und die es zwei Parteien ermöglicht, sich gegenseitig zu authentifizieren [8].

In Kerberos gibt es verschiedene Sorten von Tickets. Das oben von S ausgestellte Ticket wird auch *Ticket Granting Ticket* genannt, weil A (bzw. ein von A gestarteter Applikations-Client) sich mit diesem Ticket mehrfach vom Security-Server weitere Tickets, sogenannte *Service Tickets* geben lassen kann. Pro Applikations-Server B benötigt A für seine Authentifizierung ein auf B zugeschnittenes anderes Service Ticket.

Im Beispiel (Abb. 2.8) hat A sich also bereits beim Security-Server authentifiziert und eine Ticket Granting Ticket zurückerhalten. Er kann nun beliebig viele Applikations-Clients starten. Für jeden Applikations-Server B, den ein solcher Client mit einer gesicherten Kommunikationsverbindung kontaktieren möchte, wird das Ticket Granting Ticket zum Security-Server gesendet, um speziell für B ein Service Ticket zu erhalten. Nachdem A das Service Ticket an B weitergesendet hat, können sich A und B gegenseitig authentifizieren. Im Rahmen dieser Authentifizierung sendet B an A einen temporären Schlüssel (*session key*), mit dem die

RPC-Kommunikation zwischen A und B verschlüsselt werden kann. Wie im folgenden klar wird, wird allerdings weder dieser temporäre Schlüssel noch andere unverschlüsselt übertragen.

Mit Abb. 2.9 soll nun das Grundprinzip des Protokolls anhand des gleichen Beispiels verdeutlicht werden. Die folgende Beschreibung ist eine vereinfachte Version, die auf der Protokollbeschreibung in [30] aufbaut:

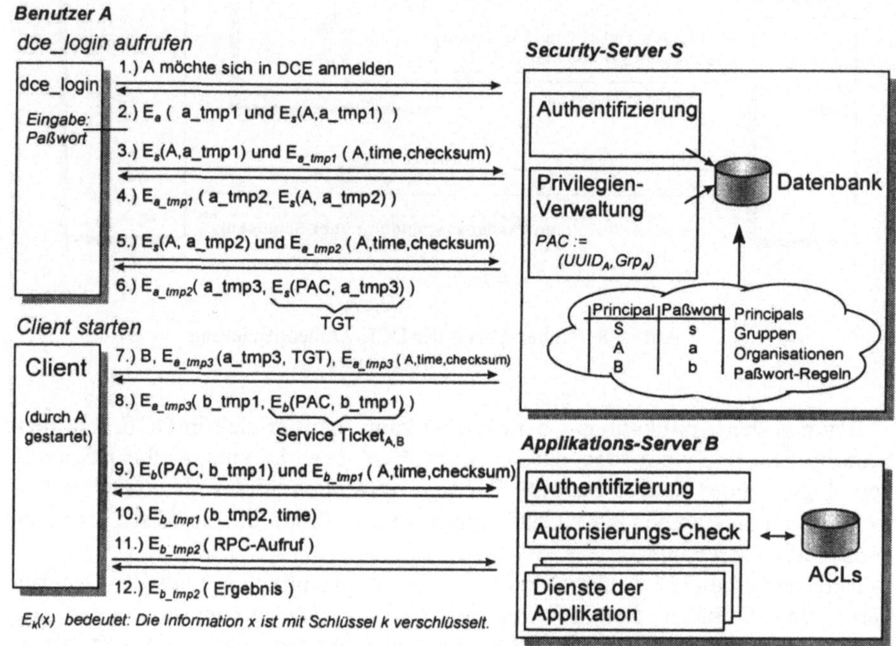

Abb. 2.9 Authentifizierung und Autorisierung

1. Zunächst meldet sich A in DCE an. Dazu ruft er z.B. das Programm dce_login (oder ein anderes, herstellerabhängig bereitgestelltes Programm zum Anmelden) auf. dce_login fragt den Benutzer-Namen und sendet diesen im Klartext an den Security-Server.

2. Der Security-Server startet daraufhin ein Challenge-Response-Protokoll. Die Challenge besteht aus einer mit dem geheimen Schlüssel von A verschlüsselten Nachricht. Nur wenn A wirklich seinen geheimen Schlüssel kennt, wird er diese Nachricht später entschlüsseln und damit lesen können. Die Challenge-Nachricht enthält einen vom Security-Server erfundenen, zufälligen Schlüssel *a_tmp1* und die Datenstruktur E_s(A, a_tmp1). Die Notation „$E_k(x)$" bedeutet dabei, daß die Information „x" mit dem Schlüssel „k" verschlüsselt wurde

(„E" steht für Encryption / Verschlüsselung). Das heißt in diesem Fall, $E_s(A, a\_tmp1)$ enthält mit s verschlüsselt den Namen des Benutzers A und den Schlüssel *a_tmp1*. Dadurch, daß der Schlüssel *a_tmp1* zufällig gewählt wurde, wird der Benutzer A bei späteren dce_logins in Schritt 2 immer eine andere Challenge zu beantworten haben.

Nach Empfang der Challenge fordert dce_login den Benutzer auf, sein Paßwort einzugeben. Wird DES als Verschlüsselungs-Verfahren benutzt (was in den meisten Fällen zutrifft), so wird aus der ASCII-Eingabe des richtigen Paßworts von A ein 56 Bit langer Schlüssel a gewonnen. Das ASCII-Paßwort selbst kann dann bereits wieder aus dem Hauptspeicher gelöscht werden. Selbst wenn der Client nun abstürzt, ist das Paßwort des Benutzers nirgends gespeichert, und aus a kann das Paßwort nicht zurückgewonnen werden. Letzteres liegt daran, daß die Umwandlung des ASCII-Strings zu einem 56 Bit langen Schlüssel a über eine sogenannte *Einweg-Funktion f* erreicht wird, d.h. *f(ASCII-String)=a*. Einweg-Funktionen zeichnen sich dadurch aus, daß die Berechnung des Funktionswerts *f(x)* per Programm einfach ist, umgekehrt jedoch die Berechnung eines x aus einem Funktionswert y, derart daß *y=f(x)* gilt, (zumindest für die „meisten" y [10]) nur „sehr schwer" zu berechnen ist.

Nachdem A sein Paßwort eingegeben hat und a berechnet wurde, kann A nun die empfangene Nachricht mit dem Schlüssel a entschlüsseln. A sieht anschließend *a_tmp1* im Klartext sowie den mit s verschlüsselten (und daher für A nicht interpretierbaren) Wert $E_s(A,a\_tmp1)$.

3. Als Beweis seiner Authentizität sendet A dem Security-Server den Wert $E_s(A,a\_tmp1)$ zurück (Response auf die Challenge). Kann der Security-Server diesen Wert entschlüsseln, glaubt er A seine Authentizität. Die Nachricht von A enthält ferner einen sogenannten *Authenticator*, d.h. eine verschlüsselte Datenstruktur, die im wesentlichen, wie in der Abbildung gezeigt, die aktuelle Uhrzeit zum Sendezeitpunkt sowie eine meist mit dem Verfahren *MD5* erzeugte Prüfsumme (*checksum*) über die Nachricht enthält. Eine Veränderung der Nachricht (z.B. durch einen Saboteur) macht i.a. auch eine Anpassung der Prüfsumme erforderlich. Da die Prüfsumme jedoch verschlüsselt übertragen wird, würde eine illegale Veränderung der Nachricht an der nicht mehr dazu passenden Prüfsumme erkennbar sein.

   Tatsächlich können noch weitere Informationen im Authenticator enthalten sein, wie z.B. der Zellname. Für die Betrachtung hier spielt dies jedoch keine Rolle. Durch den Authenticator wird zum einen erreicht, daß kein Teil der Nachricht während der Übermittlung geändert werden kann und daß die Nachricht „neu" (und keine von einem Saboteur aufgezeichnete und eingespielte Wiederholung) ist. Allerdings werden i.a. alle Nachrichten als „neu" akzeptiert, bei denen die Uhrzeiten um nicht mehr als fünf Minuten von der Uhrzeit des Security-Servers abweichen. Zum anderen beweisen Authenticators, daß der Sender wirklich den aktuellen, temporären Schlüssel (hier z.B. *a_tmp1*) kennt. Solche Authenticators werden noch öfters zum gleichen Zweck im Protokoll mitgesendet.

4. Schritte 4 und 5 tauschen den temporären Schlüssel a_tmp1 durch a_tmp2 aus.

5. Siehe 4.

6. Der Benutzer bekommt einen neuen Schlüssel (a_tmp3) zugesendet, den er nun für die Kommunikation mit dem Security-Server verwenden soll.

   Darüber hinaus erhält er ein Ticket Granting Ticket TGT, mit dem er für jeden Applikations-Server ein Service Ticket zur Authentifizierung mit dem Applikations-Server beim Security-Server anfordern kann. Das TGT enthält ebenfalls den Schlüssel a_tmp3. Ferner enthält es das *Privilege Attribute Certificate*, das unter anderem eine eindeutige Kennung des Benutzers A als 128 Bit Wert enthält (seine UUID), sowie Informationen über die DCE-Gruppen, in denen A Mitglied ist. Mit dem Empfang der Nachricht ist der Anmeldevorgang beendet.

7. Der Benutzer kann nun beliebig viele Applikations-Clients starten. Möchte ein Applikations-Client mit einem Applikations-Server eine gesicherte Kommunikationsverbindung aufbauen, so werden hierzu die Schritte 7 bis 10 jeweils wiederholt.

   Sei B der gewünschte Applikations-Server, zu dem der Client eine Verbindung aufbauen möchte. In Schritt 7 teilt der Client dem Security-Server dann den Server-Namen B im Klartext mit.

   Ferner werden das Ticket Granting Ticket $E_s(PAC, a\_tmp3)$ und ein Authenticator mitgesendet. Kann der Security-Server das Ticket Granting Ticket entschlüsseln (und stimmen Uhrzeit und Prüfsumme im Authenticator), so glaubt er die Authentizität des im PAC genannten Senders.

8. Der Security-Server erzeugt einen neuen, zufälligen Schlüssel b_tmp1. Dieser Schlüssel wird auf sichere Weise sowohl zu A als auch (über A) zum Server B gesendet werden und so die Authentifizierung zwischen A und B ermöglichen. (Interessant ist, daß S diesen Schlüssel b_tmp1 nicht direkt an B sendet. Das hat den Vorteil, daß sich B nicht den Schlüssel merken muß, bis A mit seiner Anfrage zu ihm kommt.) Zu diesem Zweck wird b_tmp1 zunächst in einer für den Client lesbaren Form (d.h. verschlüsselt mit a_tmp3) an A gesendet. Dazu wird das Service Ticket$_{A,B}$ mitgesendet. Das Service-Ticket enthält b_tmp1 und das PAC des Benutzers in einer nur vom Applikations-Server B lesbaren Form (d.h. mit b verschlüsselt). Man beachte, daß ein Ticket immer so verschlüsselt ist, daß der gewünschte Zielserver das Ticket mit seinem eigenen geheimen Schlüssel entschlüsseln kann. Ferner ist für Tickets typisch, daß sie eine Kennung eines Principals und einen Schlüssel enthalten.

9. Nun kann A Kontakt mit dem Applikations-Server B aufnehmen. A sendet das in Schritt 8 erhaltene Service Ticket$_{A,B}$ und einen Authenticator an den Applikations-Server B. Gelingt es B, das Service Ticket mit seinem geheimen Schlüssel b zu entschlüsseln (und stimmen Zeit und Prüfsumme im Authenticator), so glaubt B die Authentizität des im PAC genannten Senders. Schließlich kann b_tmp1 nur vom Security-Server erzeugt worden sein, denn nur dieser und B selbst kennen das geheime Paßwort b, mit dem b_tmp1 ver-

schlüsselt ist. Andererseits muß der Security-Server dem Principal A jedoch den Schlüssel b_tmp1 mitgeteilt haben, da A andernfalls nicht die richtige Prüfsumme mit b_tmp1 hätte verschlüsseln können.

10. Der Applikations-Server erfindet nun einen neuen Schlüssel b_tmp2, der für die Verschlüsselung zwischen A und B verwendet werden kann, und sendet ihn zu A. Bei Empfang der Nachricht glaubt A die Authentizität von B, denn nur B konnte b_tmp1 aus dem mit b verschlüsselten Service Ticket$_{A,B}$ entnehmen und die Uhrzeit mit b_tmp1 verschlüsseln. Die gegenseitige Authentifizierung ist nun abgeschlossen.

11. Nun kann je nach gewünschtem Schutzgrad fortgefahren werden. Hier im Beispiel soll der RPC verschlüsselt übertragen werden. Zum Verschlüsseln wird b_tmp2 verwendet. Zur Autorisierungs-Überprüfung kann der Applikations-Server B mit dem in Schritt 9 erhaltenen PAC die Gruppenzugehörigkeiten von A einsehen und mit den Zugriffsrechten in den ACLs vergleichen. Dabei werden die ACLs betrachtet, die dem durch den RPC angesprochenen Dienst zugeordnet sind. Dies wird unten ausführlicher erläutert.

12. Die Antwort des RPCs kann ebenfalls mit dem Schlüssel b_tmp2 verschlüsselt zurückübertragen werden.

Die Komplexität des Protokolls erklärt sich aus dem Wunsch der Kerberos-Designer, daß das Protokoll einer Vielzahl möglicher Sicherheits-Attacken standhalten soll. Aus dem geschilderten Ablauf lassen sich die folgenden wichtigen Aspekte zusammenfassend festhalten:

- Das „Langzeitgeheimnis" der Benutzer und Applikations-Server (im Beispiel die geheimen Paßwörter a und $b)$ wird nur sehr selten, quasi nur zum Aushandeln weiterer Paßwörter und Tickets benutzt.
- Die Authentifizierung zwischen Clients und Applikations-Servern findet jedesmal mit anderen Schlüsseln bzw. Tickets statt. Wird ein Ticket kompromittiert, so kann allenfalls für die Dauer der Gültigkeit dieses Tickets damit Mißbrauch getrieben werden. Die Gültigkeitsdauer von Tickets ist jedoch konfigurierbar. Anzumerken ist, daß die Gültigkeit eines neuen Service Tickets die verbleibende Gültigkeit des aktuellen Ticket Granting Tickets nicht übersteigen kann.
- Während des gesamten Authentifizierungs-Protokolls werden Paßwörter nie unverschlüsselt übertragen.
- Ein Benutzer A kann nicht den Inhalt seines PACs lesen, da er es nur (mit dem ihm nicht bekannten geheimen Schlüssel des Security-Servers bzw. eines Applikations-Servers) verschlüsselt erhält. Daraus folgt insbesondere, daß A auch nicht seine Identität oder Gruppenzugehörigkeit im Ticket bzw. PAC lesen oder gar ändern kann.

Abschließend sei angemerkt, daß der Benutzer A mit Ausnahme des Logins in DCE am Anfang und dem anschließenden Start DCE-basierter Client-Applikationen von dem gesamten Protokoll nichts sieht.

2.3.2.2 Authentifizierung über Zellengrenzen hinweg

Sind mehrere DCE-Zellen definiert und möchte eine Client-Applikation auf einen Applikations-Server in einer anderen Zelle zugreifen, benötigt der Client ein in dieser anderen Zelle gültiges verschlüsseltes Ticket. Dieses kann jedoch der zellenlokale Security-Server nicht ausstellen, da Zellen administrativ unabhängig sind und deshalb stets nur zellenlokale Ressourcen verwalten. Insbesondere kennt der Security-Server nicht das Paßwort von Applikations-Servern in anderen Zellen und kann daher das gewünschte Ticket nicht direkt erzeugen.

Dieser Fall wird von DCE wie folgt behandelt. Die Security-Server von je zwei verschiedenen Zellen verwalten jeweils ein nur ihnen bilateral bekanntes gemeinsames Paßwort. Sei z.B. P_z das gemeinsame Paßwort, das für die Security-Server der zwei Zellen Z_1 und Z_2 definiert wurde. Ein Principal A in Zelle Z_1, der auf eine Ressource in Zelle Z_2 zugreifen möchte, kontaktiert nun zunächst den lokalen Security-Server in Zelle Z_1 und erhält von dort ein mit P_z verschlüsseltes vorläufiges Ticket, mit dem der Security-Server in Z_1 die Identität von A bestätigt. Dieses kann er anschließend dem Security-Server in Zelle Z_2 vorlegen. Gelingt es dem Security-Server der Zelle Z_2, das Ticket mit P_z zu entschlüsseln, so vertraut er auf die Richtigkeit des Inhalts und damit auf die Identität des Principals aus Zelle Z_1. Daraufhin stellt der Security-Server der Zelle Z_2 ein in der Zelle Z_2 für den Principal und den gewünschten Server gültiges Ticket aus und sendet es dem Principal aus Zelle Z_1 zurück. Wie der beschriebene Ablauf verdeutlicht, erfordern zellenübergreifende DCE-Anfragen offensichtlich einen höheren Zeitaufwand als nicht zellenübergreifende. Bei der für die DCE-Architektur wichtigen Design-Entscheidung „Anzahl der DCE-Zellen" ist dies zu beachten (eine weitere Diskussion bezüglich der Mehrzellen-Problematik findet sich in Abschn. 5.1).

2.3.3 Autorisierung

2.3.3.1 ACLs und ihre Auswertung

Access Control Lists (ACLs) sind Zugriffskontroll-Listen, die Principals (aber auch Gruppen von Principals, Principals anderer Zellen, nicht authentifizierten Benutzern usw.) Zugriffsrechte auf durch DCE-Namen bezeichnete Objekte (Server, Dienste, Principals usw.) zuordnen. ACLs erlauben so, den Zugriff auf diese Objekte individuell zu schützen.

Bei der Erzeugung eines Namens im DCE-Namensraum werden diesem implizit ACLs zugeordnet. Diese ACLs können anschließend z.B. mit dem im DCE-Produkt enthaltenen Programm acl_edit durch den DCE-Administrator mit den richtigen Zugriffsrechten versehen werden. Abb. 2.10 zeigt ein Beispiel einer ACL.

In diesem Beispiel gibt es einen Applikations-Server mit Namen *AppServer*, der die drei Dienste *Dienst1*, *Dienst2* und *Dienst3* anbietet. Nur *Dienst1* interessiere hier. Um die Zugriffsrechte festzulegen, wurde für den Applikations-Server im

DCE-Namensraum für jeden Dienst ein Namenseintrag erzeugt. Die dem Namenseintrag */.:/ projects / AppServer / Dienst1* zugeordnete ACL ist in der Abbildung zu oberst gezeigt.

Sei in diesem Beispiel angenommen, daß *Dienst1* lediglich einen Dateizugriff beinhalte. Mit anderen Worten, wenn der Applikations-Server beauftragt wird, den *Dienst1* zu erbringen, so führt er einen Zugriff auf eine Datei aus. Dieser Zugriff kann durch *Dienst1* lesend oder schreibend erfolgen, je nachdem, mit welchen Parametern der Dienst im RPC durch den Client aufgerufen wird.

Betrachten wir nun die *Dienst1* zugeordnete ACL genauer. Zunächst findet sich darin der Zellname. Damit ist festgelegt, auf welche Zelle sich die Angaben in der ACL per Default beziehen. Werden in den folgenden Einträgen Namen aus einer anderen DCE-Zelle gebraucht, so ist der Zellenname der anderen Zelle explizit anzugeben (z.B. „foreign_user : /.../some_other_dce_cell.domain.de / Müller : rwc").

Es folgen ACL-Einträge, in denen Principals und Gruppen Zugriffsrechte zugeordnet werden. Hinter dem Schlüsselwort user wird gezielt ein einzelner Principal, im Beispiel der Benutzer *Meyer*, benannt. Hinter dem Schlüsselwort group wird eine DCE-Gruppe benannt.

Aufgrund der gezeigten ACL wird der Applikations-Server für den Benutzer *Meyer* den Dienst *Dienst1* (und damit den Zugriff auf die Datei) lesend (r, read) und schreibend (w, write) erlauben. *Meyer* darf ferner den ACL-Eintrag selbst ändern (c, control). Alle Principals in der Gruppe *MyGroup1* dürfen dagegen auf die Datei lesend und schreibend zugreifen; alle Principals der Gruppe *MyGroup2* dürfen auf die Datei über *Dienst1* nur lesend zugreifen. Falls ein Principal in keine der in der ACL genannten Kategorien fällt, wird der Zugriff auf *Dienst1* vom Applikations-Server abgelehnt. Im Beispiel ist dies für einen Principal der Fall, der nicht *Meyer* heißt und auch nicht in einer der beiden genannten Gruppen Mitglied ist.

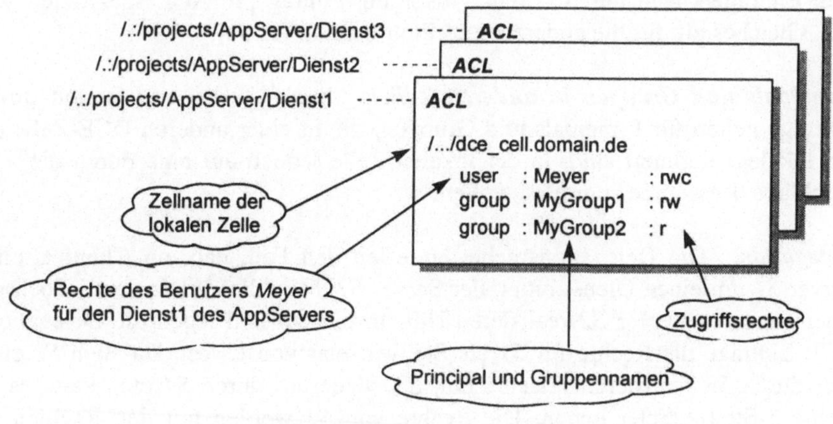

Abb. 2.10 Beispiel für ACLs

Umgekehrt erhält ein Principal, der in mehreren Gruppen Mitglied ist, die Vereinigung der entsprechenden Rechte auf *Dienst1* zugestanden. Beispielsweise darf ein Principal, der in den Gruppen *MyGroup1* und *MyGroup2* ist, auf die Datei über *Dienst1* schreibend zugreifen, obgleich er dies nach der Gruppe *MyGroup2* allein nicht dürfte.

Der letztgenannte Umstand ist besonders dann zu beachten, wenn einem Benutzer ein bestimmtes Zugriffsrecht auf eine Ressource wieder entzogen werden soll. Es muß dann unter anderem auch überprüft werden, ob keine der Gruppen, in denen der Benutzer noch Mitglied ist, das zurückzuziehende Zugriffsrecht auf die Ressource besitzt.

Neben den ACL-Einträgen user und group (und dem bereits kurz erwähnten foreign_user) gibt es weitere ACL-Einträge. Im einzelnen werden die folgenden Einträge unterschieden [14]:

- Principals und Gruppen in der lokalen Zelle (user, group, user_obj, group_obj)
- Principals und Gruppen in anderen Zellen (foreign_user, foreign_group)
- ACL-Einträge, die für einen Principal Anwendung finden, wenn keiner der anderen Einträge in einer ACL für diesen Principal direkt oder indirekt anwendbar ist (other_obj, foreign_other, any_other)
- Einträge für Delegation (alle obigen Einträge mit Suffix _delegate, z.B. user_delegate, foreign_user_delegate etc.)
- Masken (mask_obj, unauthenticated)

Principals und Gruppen in der lokalen Zelle. user- und group-Einträge wurden oben bereits erläutert. Sie gelten für Principals und Gruppen der lokalen Zelle. Ähnlich den Einträgen owner, group und other von Dateien unter UNIX können auch in DCE für Objekte der lokalen Zelle ein Besitzer, eine Besitzergruppe und „Rechte für andere Objekt-Benutzer" definiert werden. Diesen können durch die ACL-Einträge user_obj, group_obj und other_obj Zugriffsrechte zugeordnet werden. Allerdings, da es nur 1 Besitzer eines Objekts gibt, kann im Unterschied zu user-Einträgen auch nur maximal 1 user_obj-Eintrag pro ACL spezifiziert werden. Gleiches gilt für die anderen _obj-Einträge und für any_other.

Principals und Gruppen in anderen Zellen. foreign_user- und foreign_group-Einträge gelten für Principals und Gruppen, die in einer anderen DCE-Zelle (als der lokalen) definiert sind, in der lokalen Zelle jedoch auf eine durch die ACL geschützte Ressource zugreifen wollen.

Delegation. Die Delegationsrechte betreffen den Fall, daß ein Client *C* einen Server *S1* um einen Dienst bittet, der Server *S1* Teile dieses Dienstes jedoch von einem anderen Server *S2* realisieren läßt. In diesem Fall legen die Delegations-ACL-Einträge die Rechte für *S1* als Stellvertreter von *C* fest. Da auch *S2* einen Teil durch *S3* realisieren lassen kann, *S3* wiederum durch *S4* etc., kann es i.a. mehrere Stellvertreter geben. Die Rechte von *S1* werden mit den Rechten des initialen Principals (*C* in diesem Beispiel) mit UND verknüpft, da ein Principal durch Delegation nicht mehr Rechte erhalten darf, als dem Principal selbst zugestanden werden. Im Falle mehrerer Stellvertreter werden die Rechte jedes Stellvertreters mit denen des initialen Principals UND-verknüpft.

Masken. Masken verdienen besondere Beachtung, da sie anders als die meisten anderen ACL-Einträge angewendet werden:

- mask_obj : Zugriffsrechte
- unauthenticated : Zugriffsrechte

Die Zugriffsrechte bei mask_obj werden nach der Ermittlung aller anwendbaren Rechte (aus den anderen user/group/etc. ACL-Einträgen, jedoch mit Ausnahme von user_obj, user_obj_delegate, other_obj und other_obj_delegate) mit diesen UND-verknüpft. Nur die danach noch übrig bleibenden Rechte kann der Principal in Anspruch nehmen. Wäre beispielsweise in der ACL in Abb. 2.10 zusätzlich ein Eintrag „mask_obj : rw" vorhanden, so würden für den Benutzer *Meyer* die Rechte aus dem „user : *Meyer*"-Eintrag (rwc) mit den Rechten bei mask_obj (rw) UND-verknüpft, so daß nur noch Lese- (r) und Schreibrechte (w) übrig blieben und dem Benutzer *Meyer* gewährt würden.

Durch die hinter mask_obj angegebenen Rechte lassen sich daher mittels einem einzigen Eintrag die maximal möglichen Zugriffsrechte fast aller übrigen Einträge in einer ACL beschränken. Ein einziger Eintrag reicht so aus, um temporär die Zugriffsrechte auf eine Ressource auf maximal die hinter mask_obj angegebenen zu reduzieren. Um den gleichen Effekt ohne dieses Attribut zu erreichen, hätten dazu möglicherweise alle Einträge der ACL geändert und später wieder auf ihre alten Werte zurückgesetzt werden müssen. Dies wäre jedoch viel aufwendiger.

unauthenticated wird nur angewendet, wenn der Principal in DCE nicht authentifiziert ist. Für nicht authentifizierte Principals werden nach der Rechtereduktion mit mask_obj (sofern mask_obj in der ACL vorkommt) die Rechte weiter mit den bei unauthenticated angegebenen Zugriffsrechten UND-verknüpft. (Gibt es in einer ACL keinen unauthenticated-Eintrag, so hat dies die gleiche Wirkung als ob es einen unauthenticated-Eintrag gäbe, dem keine Zugriffsrechte zugeordnet sind.) Nur was dann noch übrig bleibt, wird einem nicht authentifizierten Principal als Recht zugestanden. Wären beispielsweise in der ACL in Abb. 2.10 zusätzlich die zwei Einträge „mask_obj : rw" und „unauthenticated : r" enthalten, so würde der Benutzer *Meyer* die Rechte (r) und (w) zugestanden bekommen, wenn er authentifiziert ist, aber nur das (r)-Recht, wenn er nicht authentifiziert ist. Ist ein unauthenticated-Eintrag definiert, werden die Rechte eines nicht authentifizierten Principals daher maximal auf die bei diesem Attribut angegebenen Rechte beschränkt. Ist kein unauthenticated-Eintrag in der ACL enthalten, so haben nicht authentifizierte Principals keine Zugriffsrechte.

Auswertungsreihenfolge. ACL-Einträge werden in einer ganz speziellen Reihenfolge ausgewertet. Die Auswertungsreihenfolge ist im Detail wie folgt definiert [14].

Zunächst werden die user-Einträge in der Reihenfolge user_obj, user_obj_delegate, user, user_delegate, foreign_user, foreign_user_delegate untersucht.

- Beim ersten Match (d.h. wenn der erste dieser ACL-Einträge anwendbar ist) wird die Suche unmittelbar abgebrochen. Insbesondere werden also weitere, eventuell auch noch anwendbare ACL-Einträge (z.B. Gruppen-Einträge) nicht mehr betrachtet. Aus den Zugriffsrechten beim Match sowie ggf. definierten mask_obj- (und im Falle eines nicht authentifizierten Principals unauthenticated-) Masken werden wie oben beschrieben die geltenden Rechte ermittelt. Wie angesprochen wird mask_obj dabei jedoch prinzipiell nicht auf user_obj, user_obj_delegate, other_obj und other_obj_delegate angewendet. Reichen die Zugriffsrechte aus, wird der Zugriff erlaubt, sonst abgelehnt.
- Wird kein Match gefunden, geht die Auswertung wie folgt weiter.

Wurde bei den user-Einträgen kein Match gefunden, werden *alle* Gruppen-Einträge (d.h. group_obj, group_obj_delegate, group, group_delegate, foreign_group, foreign_group_delegate) in beliebiger Reihenfolge untersucht.

- Ist mindestens ein Gruppen-Eintrag anwendbar, wird die Vereinigung der Zugriffsrechte aller anwendbaren Gruppeneinträge mit ggf. definierten mask_obj- (und im Falle eines nicht authentifizierten Principals unauthenticated-) Masken UND-verknüpft. Reichen die so ermittelten Zugriffsrechte für den gewünschten Zugriff aus, wird er erlaubt, sonst abgelehnt.
- Wird kein Match gefunden, geht die Auswertung wie folgt weiter.

Wurde weder bei den user- noch bei den group-Einträgen ein Match gefunden, werden other_obj und other_obj_delegate-Einträge untersucht.

- Bei einem Match werden die Zugriffsrechte (im Falle eines nicht authentifizierten Principals die mit der unauthenticated-Maske UND-verknüpften Zugriffsrechte) betrachtet. Reichen die Zugriffsrechte für den gewünschten Zugriff aus, wird er erlaubt, sonst abgelehnt.
- Wird kein Match gefunden, geht die Auswertung wie folgt weiter.

Wurde weder bei user- noch bei group-, noch bei other_obj-Einträgen ein Match gefunden, werden analog foreign_other und foreign_other_delegate untersucht und bei Match mit ggf. definierten mask_obj- (und im Falle eines nicht authentifizierten Principals unauthenticated-) Masken verknüpft.

Wird auch dabei kein Match gefunden, so werden schließlich noch die Einträge any_other und any_other_delegate untersucht und mit ggf. definierten mask_obj- (und im Falle eines nicht authentifizierten Principals unauthenticated-) Masken verknüpft.

Wurde bisher kein Match gefunden, wird der Zugriff abgelehnt.

Ein Beispiel soll die Auswertungsreihenfolge und die Rechte-Ermittlung verdeutlichen. Sei zusätzlich zu den Einträgen in der ACL in Abb. 2.10 ein weiterer Eintrag „group : *group3* : rwx" enthalten und der Benutzer *Meyer* von den drei Gruppen nur in der Gruppe *group3* Mitglied. Möchte der Benutzer *Meyer* das der ACL zugeordnete Objekt mit dem x-Recht (execute, Ausführrecht) zugreifen, so wird ihm dieser Zugriff aus folgendem Grund verwehrt.

Der Auswertungsalgorithmus überprüft zunächst die user-Einträge. Da hier bereits ein auf den Benutzer *Meyer* anwendbarer Eintrag gefunden wird, werden die Gruppen-Einträge erst gar nicht mehr angeschaut.

Die Zugriffsrechte in dem user-Eintrag enthalten jedoch nur die Rechte r, w und c, aber nicht x. Da keine Masken definiert sind, wird dem Benutzer *Meyer* das r-, w- und c-Recht zugestanden, wenn er authentifiziert ist und überhaupt kein Recht zugestanden, wenn er nicht authentifiziert ist. Da der Benutzer *Meyer* das Objekt mit dem x-Recht zugreifen wollte, wird der Zugriff folglich in beiden Fällen abgelehnt.

2.3.3.2 ACL-Manager

Für die Autorisierung eines Zugriffs wurden in Abb. 2.9 die in der PAC enthaltende Principal-Kennung und die Gruppenzugehörigkeiten mit den ACLs nach dem im vorigen Abschnitt gezeigten Schema ausgewertet. (In Schritt 9 in der Abb. 2.9 wird die PAC erhalten und in Schritt 11 ausgewertet.) Die Verwaltung von ACLs, insbesondere deren Zugriff und Auswertung nach obigen Regeln erfolgt durch Code, der zusammenfassend als *ACL-Manager* bezeichnet wird. Durch die Auswertung der ACLs kann entschieden werden, ob der Zugriff erlaubt ist oder nicht.

Der ACL-Manager kann zum Teil aus Code vom Applikationsprogrammierer bestehen und zum Teil aus Standard-Routinen, die von DCE in Form der ACL-Library bereitgestellt werden. Die Standard-Routinen haben eine normierte Schnittstelle, die es u.a. auch erlaubt, daß DCE-Clients und Standard-DCE-Administrationsprogramme (wie acl_edit und dcecp) auf die ACLs in Servern zugreifen können [16, 17].

2.3.3.3 Vererbung von ACLs

Durch die Möglichkeit, jeder Ressource ACLs und damit Zugriffsrechte zuzuordnen, wird eine hohe Flexibilität erreicht. Eine Kehrseite der so erreichten Flexibilität ist die oft entstehende große Zahl von ACLs. Mit der Menge der ACLs verbunden ist ein hoher Speicher- und Verwaltungsaufwand.

Der durch ACLs bewirkte Speicheraufwand läßt sich vielleicht in zukünftigen Versionen von DCE reduzieren. Potential hierzu ist vorhanden, da in der Praxis üblicherweise sehr viele ACLs gleich sind, diese aber dennoch getrennt gespeichert werden müssen. Zur Reduktion des Verwaltungsaufwands gibt es hingegen bereits in der Version 1.1 von DCE eine Hilfe, die „Vererbung" genannt wird. Sie wird im folgenden vorgestellt.

Problemstellung. ACLs können von Systemverwaltern mit verschiedenen Tools (z.B. acl_edit oder graphischen Administrationstools) verwaltet werden. Bei der Administration von ACLs in einem DCE-System entsteht häufig die folgende Aufgabe.

Alle Namenseinträge in einem Unterverzeichnis des DCE-Namensraums sollen in den ihnen zugeordneten ACLs jeweils viele gleiche (oder zumindest sehr ähnliche) Einträge enthalten. Ein manuelles Eintragen all dieser gleichen Einträge durch den Administrator wäre zwar möglich, aber mühsam. Das Konzept der Vererbung hilft Administratoren, die gewünschten Einträge quasi als Default-Einträge von DCE automatisch generieren zu lassen. Sollen einige der ACLs nur ähnlichen Inhalt haben, aber nicht den gleichen, so kann es dennoch sinnvoll sein, sie zunächst mit gleichem Inhalt zu generieren und anschließend in einem weiteren Arbeitsschritt wie gewünscht zu modifizieren.

Zunächst ein Beispiel zu der Problemstellung. Unter dem Verzeichnis *all_printer* seien alle Drucker nach Farb- und Monochrom-Drucker getrennt eingetragen. Benutzer in den Gruppen *group1* und *group2* sollen auf alle Drucker zugreifen können. Die ACLs zu allen Druckern sollen diesbezüglich gleich sein. Abb. 2.11 zeigt für dieses Beispiel die ACL-Zuordnung an, die der Administrator letztendlich erreichen möchte.

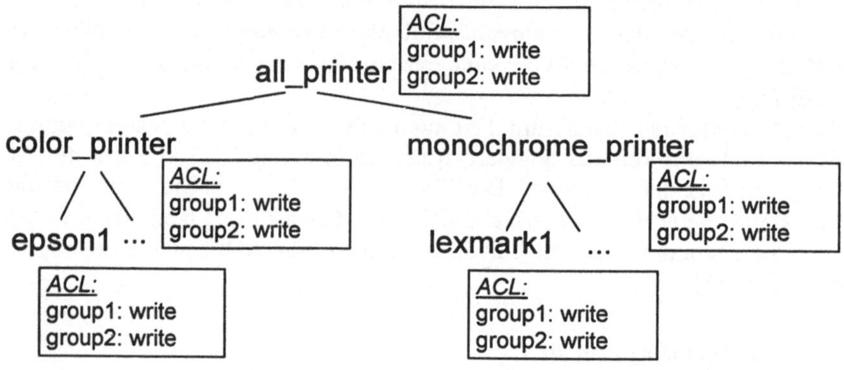

Abb. 2.11 Viele Namenseinträge mit gleichen ACL-Einträgen

Statt nun für jeden Drucker die ACL explizit definieren zu müssen, reicht es, allein bei Erzeugung des Verzeichnisses *all_printer* die gewünschte ACL als *vererbbare ACL* zu spezifizieren. Alle darunter neu angelegten Verzeichnisse und Namenseinträge erhalten rekursiv dann automatisch bei ihrer Erzeugung Kopien der ACL-Einträge der vererbbaren ACL zugeordnet (Abb. 2.12). Auf diese Weise läßt sich die Anzahl manueller Operationen beim Initialisieren von ACLs erheblich reduzieren. Im folgenden wird genauer skizziert, wie „vererbbare ACLs" konkret definiert werden.

Spezifikation vererbbarer ACLs. Namenseinträge im DCE-Namensraum, die weitere Namenseinträge enthalten können, werden hier *Verzeichnisse* oder in DCE-Terminologie auch *Container-Objekte* genannt. Namenseinträge, die keine weiteren Namenseinträge enthalten können, seien für die Erklärung des Begriffs „Vererbung" in diesem Abschnitt als *einfache Objekte* bezeichnet.

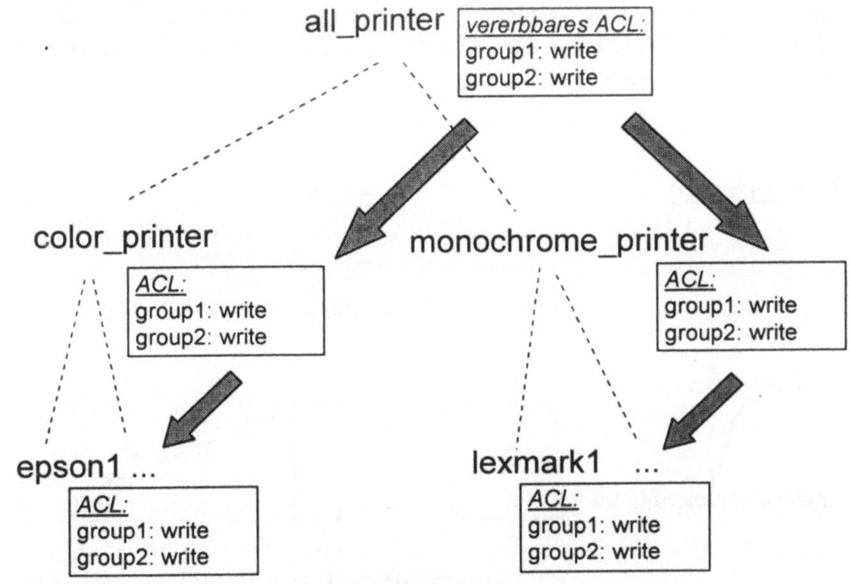

Abb. 2.12 Vererbung von ACLs

Jedem Verzeichnis im DCE-Namensraum wird bei dessen Erzeugung nicht nur eine einzige, sondern drei ACLs verschiedenen Typs zugeordnet:

- *Objekt-ACL*
  Eine *Objekt-ACL* ist der bisher in diesem Buch betrachtete ACL-Typ. Er regelt die Zugriffsrechte und ist allen DCE-Namen, d.h. Verzeichnissen und einfachen Objekten zugeordnet. Die zwei folgenden ACL-Typen hingegen sind nur Verzeichnissen zugeordnet und steuern die Vererbung (und damit unter anderem auch den initialen Wert einer Objekt-ACL bei Erzeugung des zugeordneten DCE-Namenseintrags).

- *Initiales-Objekt-ACL*
  Eine *initiale-Objekt-ACL* ist eine ACL, die den Default-Wert einer Objekt-ACL für *einfache Objekte* definiert.
  Sei z.B. *V2* ein Verzeichnis, dem eine initiale-Objekt-ACL zugeordnet ist und in dem ein einfaches Objekt *N1* neu erzeugt wird (Abb. 2.14). Dann wird initial, d.h. bei der Erzeugung von *N1* dem Namenseintrag eine Objekt-ACL mit dem Inhalt der initialen-Objekt-ACL zugeordnet werden. Da diese Zuordnung automatisch geschieht, wird der Vorgang als „Vererben" von Zugriffslisten bezeichnet.

* *Initialer-Container-ACL*
  Ein *initialer-Container-ACL* ist eine ACL, die den Default-Wert einer Objekt-ACL für *Container-Objekte* spezifiziert.
  Sei z.B. *V1* ein Verzeichnis, dem ein initialer-Container-ACL zugeordnet ist und in dem ein Container-Objekt *V2* neu erzeugt wird (Abb. 2.13). Dann wird *V2* bei seiner Erzeugung eine Objekt-ACL mit dem Inhalt der initialen-Container-ACL zugeordnet.

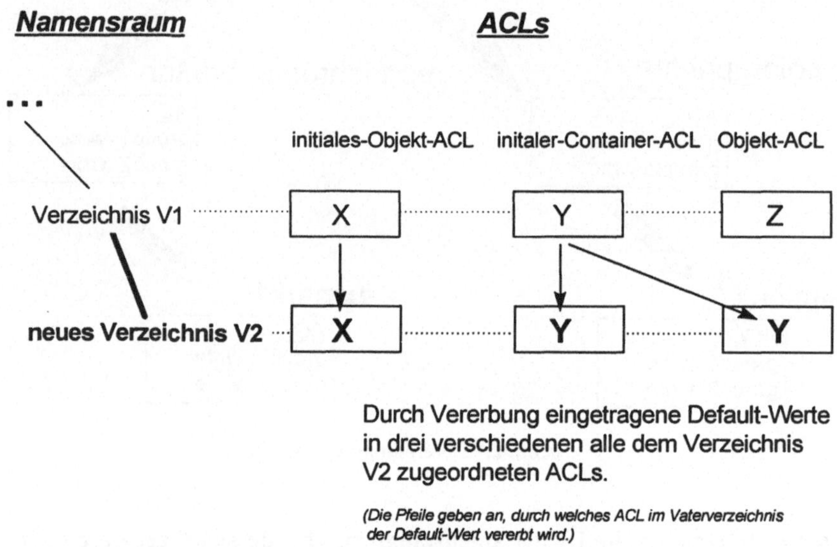

Abb. 2.13 Vererbung beim Einfügen neuer Verzeichnisse

Um die Vererbung rekursiv beliebig tief im Verzeichnisbaum fortzusetzen, werden initiale-Objekt-ACLs und initiale-Container-ACLs zusätzlich als initiale-Objekt-ACLs bzw. initiale-Container-ACLs an neue *Verzeichnisse* vererbt. Abb. 2.13 und Abb. 2.14 fassen die Vererbungsregeln noch einmal an einem Beispiel zusammen.

In Abb. 2.13 sieht man ein bereits existierendes Verzeichnis *V1*, welchem neben einer Objekt-ACL mit dem Inhalt Z auch zwei weitere ACLs zugeordnet hat, mit denen die Vererbung gesteuert wird: Eine initiale-Objekt-ACL mit Inhalt X und ein initialer-Container-ACL mit dem Inhalt Y. Zunächst werde nun im Verzeichnis *V1* ein neues Verzeichnis *V2* angelegt. Da für *V1* eine initiale-Objekt-ACL und ein initialer-Container-ACL definiert ist, werden beim Erzeugen des Verzeichnises *V2* diesem die drei in der Abbildung gezeigten ACLs per Default zugeordnet. Die Pfeile deuten an, wie die Default-Inhalte der ACLs des neuen Verzeichnises *V2* aus den Inhalten der ACLs von *V1* abgeleitet („vererbt") werden. So wird die initiale-Objekt-ACL von *V2* mit dem Inhalt X der initialen-

Objekt-ACL von *V1* initialisiert. Ferner wird sowohl der initiale-Container-ACL von *V2* als auch die Objekt-ACL von *V2* jeweils mit dem Inhalt *Y* der initialen-Container-ACL von *V1* initialisiert.

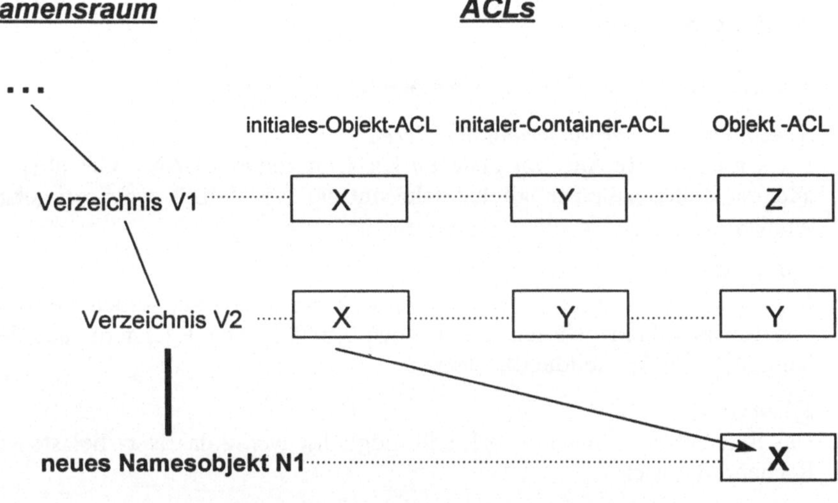

Abb. 2.14 Vererbung beim Einfügen neuer Objekte

Abb. 2.14 zeigt in Fortführung dieses Beispiels, wie sich ein anschließender Eintrag eines Namensobjekts *N1* in das dann bereits bestehende Verzeichnis *V2* auf die *N1* zugeordnete ACL auswirkt. Das Namensobjekt erhält als Objekt-ACL per Default den Inhalt des initialen-Objekt-ACLs mit den ACL-Einträgen *X* des Vaterverzeichnisses *V2* zugeordnet.

2.4 Der Zeitdienst

Rechneruhren laufen i.a. nicht gleich. Wird eine Uhr initial auf die in der Realität geltende korrekte *Absolutzeit* gesetzt, so *driftet* die Uhrzeit in der Regel mehr und mehr davon ab, d.h. der Unterschied zwischen Systemzeit und Absolutzeit wird immer größer.

Client-Server-Anwendungen, die auf mehreren Rechnern laufen, benötigen andererseits oftmals eine gewisse Synchronität der Uhrzeiten und setzen zum Teil implizit eine solche als gegeben voraus. Auch für den Security-Dienst in DCE ist eine Synchronität der Rechneruhren äußerst wichtig, um zu vermeiden, daß gewisse im Rahmen des Security-Protokolls versendete Nachrichten in unberechtigter Weise wiederverwendet werden können. Daher akzeptiert der Security-Dienst keinerlei Anfragen, die von Rechnern gestellt werden, deren Uhren um mehr als 5 Minuten von der Uhrzeit des Security-Servers abweichen.

Zur Synchronisierung der Rechneruhren bietet DCE den *Distributed Time Service (DTS)* an, der im folgenden beschrieben wird.

2.4.1 Zeitermittlung

Zu den wichtigsten Zielen des DTS gehören die folgenden:

- *Systemweite Synchronisierung der Uhren*
  Die Uhren der Rechner im gleichen LAN, in anderen LANs oder aber auch anderen Zellen sollen möglichst nahe mit der Absolutzeit synchron gehalten werden.

- *Fehlertoleranz*
  In gewissen Grenzen soll der Zeitdienst Fehler tolerieren. Neben Zeitfehlern von Rechneruhren gehören hierzu auch Ausfälle von Rechnern, auf denen Komponenten des Zeitdienstes laufen.

- *Effizienz*
  Das Synchronisierungsprotokoll soll möglichst wenig das Netz belasten oder Rechenzeit kosten.

Zentraler Teil des Zeitdienstes ist das Verfahren, mit dem die als korrekt angenommene aktuelle Uhrzeit ermittelt wird. Anstelle von Zeitpunkten werden im DTS grundsätzlich *Zeitintervalle* betrachtet. Die Mitte des Zeitintervalls wird als die aktuelle Uhrzeit definiert. Die Breite spiegelt die erwartet mögliche Ungenauigkeit (z.B. aufgrund der erwarteten Drift der eigenen Uhr) wider. Das heißt, für jedes Zeitintervall wird die Ungenauigkeit so groß definiert, daß angenommen werden kann, daß die in der Realität geltende aktuelle Absolutzeit irgendwo in dem Intervall enthalten ist. Ist bei jedem Intervall die Absolutzeit tatsächlich enthalten, so muß sie auch in der Schnittmenge verschiedener Intervalle enthalten sein. Die Grundidee zur Ermittlung einer möglichst guten Schätzung der aktuellen Zeit besteht daher darin, die Auffassung verschiedener Rechner über das korrekte aktuelle Zeitintervall einzuholen und die Schnittmenge dieser Intervalle zu berechnen (Abb. 2.15).

Weicht ein Intervall stark von den anderen ab, so daß es nur wenig oder gar nicht mit der Mehrzahl der anderen überlappt, so geht der Zeitdienst davon aus, daß die entsprechende von der Mehrheit der anderen Uhrzeiten abweichende Zeit falsch ist. Solche Intervalle werden deshalb bei der Schnittbildung ignoriert. Aus allen anderen Intervallen wird der Schnitt gebildet und die so erhaltene Zeit als die aktuelle definiert.

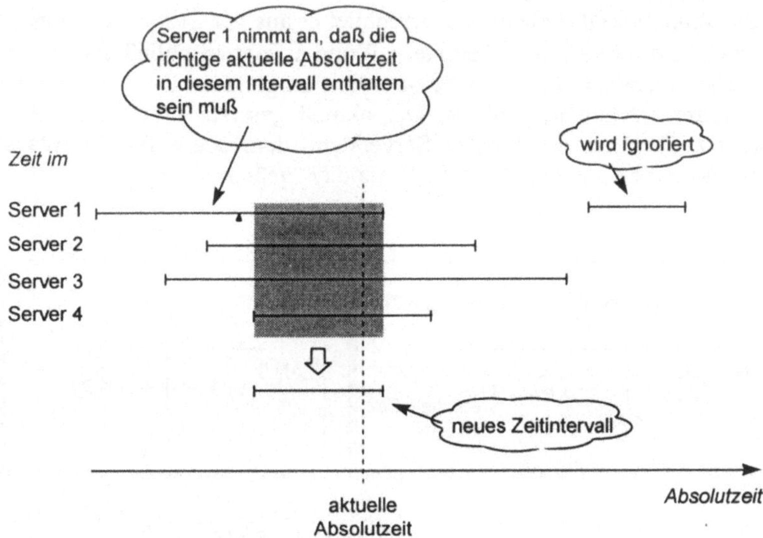

Abb. 2.15 Ermittlung einer neuen Zeit in DCE

2.4.2 Zusammenspiel der Komponenten

Zeitintervalle müssen unter den zu synchronisierenden Rechnern ausgetauscht
werden, um neue Zeitintervalle nach obigem Verfahren berechnen zu können, und
um die zu synchronisierenden Rechner über die aktuelle Zeit zu informieren. Auf
jedem der über DCE zu synchronisierenden Rechner läuft zu diesem Zweck genau
eine der folgenden Komponenten des DCE-Zeitdienstes (Abb. 2.16):

- Zeit-Server (lokal, Kurier, Backup-Kurier oder global)
- Zeit-Client

Grundsätzlich besteht die Aufgabe von *Zeit-Servern* darin, durch Interaktion mit
anderen Zeit-Servern (und externen Zeitgebern) sich auf die aktuelle als korrekt
angesehene Zeit zu einigen. Die Aufgabe der *Zeit-Clients* hingegen ist es, sich auf
diese Zeit abzustimmen, indem sie in gewissen Zeitabständen diese Zeit von Zeit-
Servern erfragen. Zeit-Server können verschiedene Rollen wahrnehmen und werden je nachdem als lokal, global, Kurier oder Backup-Kurier bezeichnet. Das
Zusammenspiel der verschiedenen Zeit-Server und -Clients sieht im einzelnen wie
folgt aus.

Lokale Zeit-Server sind so benannt, weil sie hauptsächlich mit anderen Komponenten im gleichen lokalen LAN interagieren. Möchte ein lokaler Zeit-Server
ein neues aktuelles Zeitintervall ermitteln, so prüft er zunächst, ob ein *externer
Zeitgeber (Time Provider)* an ihn angeschlossen ist. Ist dies der Fall, erfragt er von

diesem die aktuelle Zeit. Falls nicht, berechnet er aus der Systemzeit seines lokalen Rechners sein momentanes Zeitintervall und erfragt anschließend *N-1* weitere Zeitintervalle von anderen lokalen Zeit-Servern im gleichen LAN. *N* ist dabei das konfigurierbare Attribut minservers. Der aktuell gesetzte Wert dieses Attributs kann auf dem Rechner des lokalen Servers mit dem dcecp-Befehl „dts show" angezeigt und mit dem dcecp-Befehl „dts modify" geändert werden.

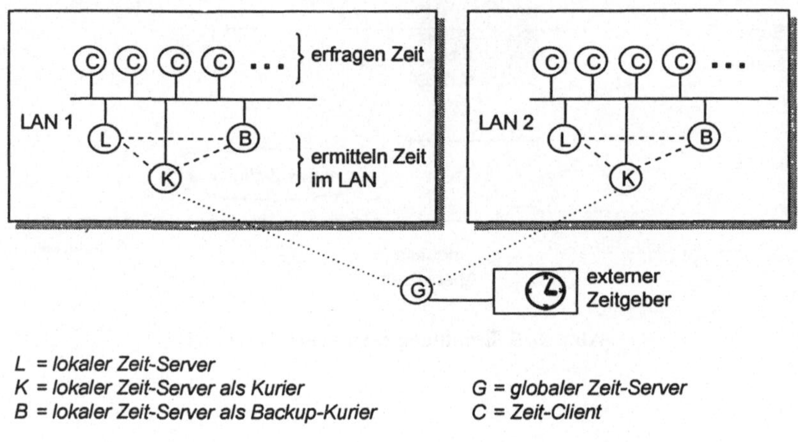

Abb. 2.16 Die verschiedenen Komponenten des DCE-Zeitdienstes

Sollten im lokalen LAN nur weniger als *N-1* andere lokale Zeit-Server ansprechbar sein, kontaktiert der Zeit-Server globale Zeit-Server (nicht jedoch lokale Zeit-Server aus anderen LANs). Aus diesen Zeitintervallen kann dann wie oben beschrieben die neue aktuelle Zeit ermittelt werden.

Die Synchronisierung LAN-lokal durchzuführen ist sinnvoll, weil die Kommunikationsverzögerung in LANs sehr gering ist. Die für die Zeitberechnung zu berücksichtigenden Aussagen über die Kommunikationsverzögerung können hier zuverlässiger getroffen werden als etwa bei Verbindungen im WAN. Wenn allerdings die Rechneruhren nur ausschließlich jeweils innerhalb von LANs synchronisiert werden würden, bestünde die Gefahr, daß die derart synchronisierten LAN-Zeiten verschiedener LANs mit der Zeit auseinanderdriften würden.

Für die LAN-übergreifende Synchronisierung werden daher ebenfalls Server benötigt. Sie sind als Kuriere, Backup-Kuriere oder globale Server konfiguriert. In jedem LAN wird mindestens ein lokaler Server als *Zeit-Kurier* konfiguriert. Zum Synchronisierungs-Zeitpunkt erfragen Zeit-Kuriere die Zeitintervalle von Zeit-Servern im lokalen LAN und zusätzlich von mindestens einem, zufällig ausgewählten *globalen Zeit-Server*. Da dadurch einige der Kuriere verschiedener LANs den gleichen globalen Zeit-Server nach seiner Zeit fragen und umgekehrt diesem auch ihre Zeit mitteilen, agiert der globale Zeit-Server als LAN-übergreifender Zeitkoordinator. Die von den Kurieren zum Synchronisierungszeitpunkt erfragten

Zeitintervalle der globalen Zeit-Server (und damit indirekt letztlich die Zeitintervalle aus anderen LANs) fließen in die LAN-lokale Berechnung eines Zeitintervalls mit ein.

Aus Fehlertoleranz-Gründen können mehrere lokale Zeit-Server des gleichen LANs als *Backup-Kuriere* definiert werden. Falls ein Kurier ausfallen sollte, übernimmt derjenige Backup-Kurier im gleichen LAN temporär die Rolle des Kuriers, der die kleinste interne Kennung (eine systemweit eindeutige UUID, die dem Server zugeordnet wurde) besitzt.

Auf allen Rechnern, die mit dem Zeitdienst synchronisiert werden sollen, auf denen jedoch kein Zeit-Server läuft, wird ein *Zeit-Client* (auch *Zeit-Clerk* genannt) installiert. Zeit-Clients fragen in gewissen Zeit-Abständen bei mindestens N lokalen Zeit-Servern im gleichen LAN (falls nicht ausreichend viele davon ansprechbar sind, gegebenenfalls auch bei globalen Zeit-Servern) nach deren aktuellen Zeitintervall und ermitteln daraus wie oben beschrieben ihre neue Zeit. Der wesentliche Unterschied zwischen Zeit-Clients und Zeit-Servern besteht darin, daß Clients ihre eigene aktuelle Uhrzeit weder anderen Servern mitteilen noch diese in ihre eigene Zeitberechnung einfließen lassen. Aus diesem Grunde ist es auch nicht sinnvoll, externe Zeitgeber an Zeit-Clients anzuschließen.

2.4.3 Lokalisierung der Server

Bisher wurde noch nicht angesprochen, woher Zeit-Server und -Clients wissen, wo welche anderen lokalen und globalen Zeit-Server vorhanden sind. Da in obigem Protokoll sowohl Clients als auch Server jeweils mehrere andere Server kontaktieren sollen, ist diese Information jedoch erforderlich.

Zum Bereitstellen der Information muß jeder Server zum einen unter seinem Namenseintrag im DCE-Namensraum seine Rechnernetz-Adresse exportieren. Darüber hinaus trägt ein lokaler Server seinen Namen in einem LAN-Profil und ein globaler Server seinen Namen im Cell-Profile des DCE-Namensraums ein. (Zusätzlich können noch weitere Default-Profile verwendet werden [14].) Auf diese Weise kann jeder Zeit-Client und jeder Zeit-Server über Profile die Namen von Zeit-Servern erfragen. Über den Namen eines Servers wird dessen Netzadresse im DCE-Namensraum gefunden, und der Server kann kontaktiert werden. Die gefundenen Adreßinformationen werden in eine lokale Liste kopiert, um beim nächsten Mal die Server schneller zu finden. Die lokalen Listen werden periodisch aktualisiert.

2.4.4 Synchronisierungszeitpunkte

Die Zeitabfrage durch die Clients und die Ermittlung eines neuen aktuellen Zeitintervalls durch die Server findet periodisch statt und wird unter anderem durch die folgenden konfigurierbaren Attribute gesteuert:

- *maxinaccuracy*
  Gibt die maximal erlaubte Ungenauigkeit des eigenen Zeitintervalls an.
  Default 100 ms.

- *syncinterval*
  Gibt die Zeit an, die minimal zwischen zwei Synchronisierungen gewartet
  werden soll. Default für Server ist 2 Minuten, für Zeit-Clients 10 Minuten.

Eine Zeitsynchronisierung wird ausgelöst, wenn

- seit der letzten Synchronisierung mindestens syncinterval viel Zeit vergangen
  ist und *zusätzlich*
- das aktuelle Zeitintervall die in maxinaccuracy spezifizierte Toleranz erreicht
  hat oder überschreitet.

Durch das maxinaccuracy-Attribut wird somit eine Synchronisierung nur gestartet, wenn es „nötig" ist. Dies reduziert die Netzlast. Mit nur diesem Attribut
allein könnte jedoch der Fall eintreten, daß stets nach einer Synchronisierung die
erlaubte Ungenauigkeit immer noch überschritten wird. Als Folge davon würde
ständig eine neue Synchronisierung gestartet. Um dies zu vermeiden, spezifiziert
die syncinterval-Zeit eine minimale Wartezeit zwischen zwei aufeinanderfolgen-
den Synchronisierungen.

Unabhängig von diesen Attributen kann ein Administrator mit dem dcecp-
Befehl „dts synchronize" eine Zeitsynchronisierung unmittelbar auslösen. Dies
kann z.B. dann sinnvoll sein, wenn ein externer Zeitgeber neu hinzugeschaltet
wurde und dessen Zeit sofort berücksichtigt werden soll.

2.4.5 Aktualisieren der lokalen Rechneruhr

Wurde ein neues Zeitintervall ermittelt und stimmt dessen Mittelpunkt nicht mit
der aktuellen Systemzeit überein, so muß die lokale Rechneruhr gemäß der neuen
Zeit aktualisiert werden. In vielen Fällen wäre es allerdings ungeschickt, die lokale Rechneruhr *auf einen Schlag* von der bisherigen Zeit auf die neue Zeit zu
setzen. Zwei Beispiele mögen dies verdeutlichen:

- *Abruptes Zurücksetzen der Uhrzeit*
  Ein Client einer Client-Server-Applikation verschickt eine Nachricht gemäß
  seiner lokalen Uhrzeit um 10.00 Uhr an einen Applikations-Server. An-
  schließend wird durch den Uhrensynchronisierungs-Mechanismus die lokale
  Uhrzeit abrupt auf 09.57 Uhr zurückgesetzt. Kurz darauf, um 09.58 Uhr ge-
  mäß lokaler Uhrzeit, empfängt der Client die Antwort auf die zuvor versendete
  Nachricht. Wird die lokale Uhrzeit beim Senden und Empfangen durch den
  Client interpretiert, könnte die Applikationslogik im Client annehmen, die
  Antwort sei bereits vor dem Versenden der Nachricht angekommen. Derlei
  Effekte können die Ursache für Probleme in einer Applikation sein, die i.a.
  nicht reproduzierbar und möglicherweise schwer zu finden sind.

- *Abruptes Vorstellen der Uhrzeit*
  Wäre die neue Zeit viel später, so könnte es ebenfalls zu Problemen kommen.
  Sei beispielsweise von der Applikation ein Timeout von zwei Minuten gesetzt,
  bis eine Antwort auf eine versendete Nachricht eintreffen muß. Trifft die
  Nachricht nicht innerhalb dieser Zeit ein, gehe die Applikation davon aus, daß
  ein Fehler passiert ist und bricht die laufende Operation ab. Wenn nun
  unmittelbar nach dem Versenden einer Nachricht durch den Applikations-
  Client der Zeitdienst die Rechneruhrzeit abbrupt um drei Minuten erhöht, so
  würde der Timeout-Mechanismus unmittelbar aktiv, die Antwort auf die
  gerade versendete Nachricht würde nicht mehr abgewartet und die laufende
  Operation abgebrochen.

Der DCE-Zeitdienst paßt deshalb die Zeit in der Regel *graduell* in der folgenden
Weise an.

Rechneruhren funktionieren sehr häufig so, daß über einen Quarz ein Zähler in
einem Register mit jedem Takt um eins dekrementiert wird. Erreicht der Zähler
den Wert Null, wird ein Interrupt im Betriebssystem ausgelöst (ein „Tick" der
Uhr) und das Register erneut mit einem festen Wert geladen. Bei jedem Tick, d.h.
bei jedem dieser Interrupts im Betriebssystem wird die Systemzeit auf diesem
Rechner entsprechend der Frequenz des verwendeten Schwingquarzes und der
Anzahl der im Register heruntergezählten Einheiten um ein festes Inkrement (z.B.
10 ms) erhöht.

Ist die Systemzeit des Rechners der im DCE-Zeitdienst berechneten Sollzeit
voraus, so wird die Systemzeit bei jedem Interrupt um einen kleineren Wert als
normal (z.B. nur 9,9 ms) erhöht. Wenn umgekehrt die Rechneruhrzeit kleiner als
die Sollzeit ist, wird das Voranschreiten der Rechneruhr eine Weile lang beschleunigt, indem bei jedem Tick der Uhr die Systemzeit um einen größeren Wert
als üblich (im Beispiel z.B. 10,1 ms) erhöht wird. Um wieviel der Wert kleiner
oder größer sein muß, wird so berechnet, daß ein Verhältnis von etwa 1 zu 100
entsteht. Das heißt, der Wert wird so berechnet, daß ein Zeitfehler von 1 Sekunde
nach 100 Sekunden korrigiert ist [14]. Auf diese Art wird die Rechneruhrzeit
korrigiert, ohne daß sie dabei je auf einen kleineren Zeitpunkt zurückgestellt wird.

In bestimmten Fällen kann es allerdings dennoch erforderlich sein, die Rechneruhr abrupt zu erhöhen. Dies ist etwa dann der Fall, wenn eine Rechneruhr
bereits über die Toleranz von 5 Minuten von der Absolutzeit abweicht. Hier sollte
die Zeit nicht graduell angepaßt werden, da solange die Rechneruhr derart falsch
geht, z.B. alle DCE-Anfragen von diesem Rechner an den Security-Server abgelehnt werden. Auch wenn die Zeitintervalle eines Rechners nicht mehr mit denen
der anderen überlappen (und daher ignoriert werden), kann es sinnvoll sein, die
Uhrzeit auf diesen Rechnern abrupt zu aktualisieren.

2.5 Neuerungen in DCE nach OSF-Level 1.2

In diesem Buch wird das OSF-Level 1.1 von DCE zugrunde gelegt, da damit konkrete Tests und Erfahrungen gemacht wurden. Inzwischen ist die aktuelle Version von DCE beim OSF-Level 1.2.2 angelangt. Daher sollen hier kurz die wesentlichen Neuerungen von 1.1 auf 1.2 umrissen werden [24].

Wesentliches Ziel der neuen Version 1.2 ist weniger, neue Technologie einzubringen, als bestehende quasi evolutionär zu verbessern. Bezüglich der Security-Komponente von DCE sind vor allem folgende Änderungen markant:

- *Globale Gruppen*
  Im Mehrzellen-Fall können Principals aus anderen DCE-Zellen nun auch Mitglied in DCE-Gruppen der lokalen Zelle sein.

- *Command-line-Interface*
  Das dcecp-Programm deckt die Funktionalität weiterer Command-line-Interface-Programme (rpccp, cdscp usw.) ab (vgl. Abschn. 5.2.1). Auch gibt es für bereits bestehende Befehle im dcecp neue Optionen.

- *Security-Server*
  Der Security-Server ist insbesondere für große Zellen (mehr als 50.000 Principals) verbessert worden, um so die Skalierbarkeit von DCE zu erhöhen (u.a. ist der Aufwand für das Checkpointing neu geringer, da die während eines Checkpoints gespeicherte Datenmenge nun proportional zur tatsächlich modifizierten Datenmenge ist).

- *Public Keys*
  Zum Login erlaubt DCE die Verwendung symmetrischer und asymmetrischer Verfahren (sogar beide im gleichen System). Bei Verwendung asymmetrischer Verfahren muß der geheime Schlüssel eines Principals nicht mehr im Security-Server gespeichert werden. Selbst wenn der Security-Server kompromittiert werden sollte, wären die geheimen Schlüssel der Principals dann immer noch nicht offengelegt.

- *C++*
  Der C++-Support für IDLs ist verbessert worden.

Dies beendet die Beschreibung der Grundlagen von DCE. Als weiterführende DCE-Literatur sei insbesondere auf [12-22, 28] verwiesen. Für die Administration einer DCE-Zelle ist vor allem [14] sehr hilfreich. Neu hinzukommende Literatur findet man z.B. auch auf Literaturlisten aus Internet-Buchläden wie [2, 3, 7] durch Suche mit „Titel = DCE".

3 Die konkrete DCE-Infrastruktur

Nach der Erklärung der DCE-Grundbegriffe in Kap. 2 soll nun eine vollständige DCE-Infrastruktur vorgestellt werden, so wie sie für ein großes Unternehmen tatsächlich entwickelt wurde. Um die Anonymität dieses Unternehmens zu wahren, sei es in diesem Buch fiktiv *DBF („DCE-Beispiel-Firma")* genannt. Ausgehend von den bei der DBF geltenden spezifischen und für das DCE-Design relevanten Rahmenbedingungen (Abschn. 3.1) werden in Kap. 3 vor allem die für die DBF getroffenen Design-Entscheidungen bezüglich

- Aufbau des DCE-Systems (Abschn. 3.2)
- Namenskonzept (Abschn. 3.3)
- Sicherheitskonzept (Abschn. 3.4)

motiviert und vorgestellt. Die Diskussion betrieblicher Einführungsüberlegungen rundet das Bild ab (Abschn. 3.5). Das so in diesem Kapitel ganzheitlich besprochene DCE-Konzept zeigt viele Aspekte, auf die auch andere Firmen bei ihrem DCE-Konzept achten sollten.

3.1 Rahmenbedingungen

Bevor in diesem Kapitel das für die DBF entwickelte DCE-Konzept besprochen wird, sollen zunächst die spezifischen Rahmenbedingungen geschildert werden, die einen Einfluß auf Design-Entscheidungen im Konzept hatten.

Das Unternehmen hat über 10.000 Mitarbeiter, die firmenweit auf ca. 20 Zweigstellen verteilt arbeiten. Die PCs dieser Mitarbeiter sind über das Firmennetz mit allen anderen Rechnern verbunden. Das Firmennetz sei hier *ComNet* genannt. Es hat ein besonders leistungsstark vernetztes Backbone-Netz zwischen vier geographisch gut verteilten Städten aufgebaut, die A-Stadt, B-Stadt, C-Stadt und D-Stadt genannt seien.

Auf fast allen Firmen-PCs läuft Windows 95. Die Netzressourcen werden jedoch unternehmensweit durch Windows-NT-Systeme über das MMDK, d.h. *Multiple-Master-Domain-Konzept* geschützt. Das MMDK sei im folgenden kurz erklärt.

Zur Verwaltung von Netzwerkressourcen wie Drucker und *Shares* (d.h. von einer Gruppe von Benutzern über ein Rechnernetz gemeinsam nutzbarer Plattenspeicher) bietet Windows NT 4.0 verschiedene Administrationskonzepte an. Das *Single-Domain-Modell* ist ein einfaches Modell für kleine Netzwerke. Alle Benutzer und Gruppen werden an zentraler Stelle verwaltet. Für größere Firmen ist es oft sinnvoll, Ressourcen separat (in sog. *Ressourcen-Domänen*) zu verwalten, die Benutzer jedoch nach wie vor an einer zentralen Stelle (der *Master-Domäne*). Dies entspricht dem weitverbreiteten *Master-Domain-Modell*. Für noch größere Firmen ist es eventuell sinnvoll, auch die Verwaltung der Benutzer auf mehrere Domänen zu verteilen. So entstehen mehrere Master-Domänen mit jeweils mehreren Ressourcen-Domänen. Dieses Modell wird Multiple-Master-Domain-Konzept genannt.

So wie es bei der DBF konfiguriert ist, melden sich Benutzer in der Master-Domäne an, in der sie registriert sind. Anschließend können sie firmenweit (ohne weiteres Anmelden) auf jede Netzwerkressource zugreifen, für die sie ein Zugriffsrecht haben. Für die Administration der Ressourcen werden die Zugriffsrechte zentral und durch entsprechende Replikation ausfallsicher verwaltet.

Das MMDK ermöglicht eine skalierbare, zentrale Verwaltung von Zugriffen auf Netzressourcen. Die Benutzer sind dabei bei der DBF in Anlehnung an die Struktur des ComNets in vier Master-Domänen erfaßt. Die Verwaltung der Master-Domänen erfolgt entsprechend aus vier Service-Zentren in A-, B-, C- und D-Stadt. Leider unterstützt das MMDK keine betriebssystemübergreifenden, applikationsspezifischen Zugriffsrechtsabfragen, so wie die DBF dies benötigt. Daher wurde der Einsatz von DCE untersucht.

Die Applikationen, die DCE nutzen sollen, sind Client-Server-Applikationen, die bei der DBF entwickelt werden und dort auf zunächst etwa 3000 PCs zum Einsatz kommen sollen. Während die Client-Software dieser Applikationen auf PCs mit Windows 95 oder NT läuft, laufen die zugehörigen Applikations-Server auf UNIX-Maschinen oder einem OS/390-Großrechner. Neben selbst geschriebenen Applikationen wird bei der DBF unter anderem auch das System R/3 der Firma SAP eingesetzt.

3.2 Aufbau des DCE-Systems

3.2.1 Anzahl der DCE-Zellen

Eine der zentralen Fragen beim Aufbau eines DCE-Systems ist die nach der Anzahl der DCE-Zellen. Wie im Anhang (Abschn. 5.1) begründet wird, entschied man sich bei der DBF für ein Einzellen-Konzept. Es erweist sich jedoch als vorteilhaft, diese eine Zelle in den folgenden drei Ausprägungen zu betreiben:

- *Produktionszelle*
- *Integrationszelle*
- *Entwicklungszelle*

Die *Produktionszelle* wird von allen *produktiv* betriebenen DCE-basierten Applikationen benutzt. Die *Integrationszelle* ist eine Spiegelung der Produktionszelle, die dem DCE-Administrationspersonal dazu dient, Änderungen, Release-Wechsel etc. unter möglichst realen Bedingungen zu testen. Auf diese Weise wird eine weitgehend reibungslose Integration dieser Updates etc. in die produktive Zelle vorbereitet. Die *Entwicklungszelle* dient allen Entwicklern von DCE-basierten Anwendungen als eine stets funktionsfähige DCE-Zelle, die weitgehend analog der Produktionszelle konfiguriert und zentral betrieben wird. Insbesondere wenn mehrere Teams DCE-basierte Applikationen entwickeln, ist es vorteilhaft, wenn nicht jedes Team Know-how darüber aufbauen muß, wie ein DCE-System zu installieren und zu betreiben ist. Insgesamt gibt es nur diese drei Zellen, und alle Zellen sind bezüglich DCE völlig entkoppelt. Dies bedeutet im einzelnen:

- *Es gibt keinen globalen DCE-Namensdienst.*

- *Eine Applikation, die zusammen mit der DCE-Produktionszelle läuft, sieht weder Principals oder DCE-Namen der Integrations- noch solche der Entwicklungszelle.*
  Für die Übernahme der Daten aus der Entwicklungs- in die Integrationszelle und aus der Integrations- in die Produktionszelle können allerdings die normalen ComNet-Verbindungen der Rechner genutzt werden. Die Tatsache, daß die Zellen sich bezüglich DCE nicht kennen, spielt dabei keine Rolle.

- *Jeder Firmenrechner ist höchstens Teil einer einzigen der drei Zellen.*
  Auch für Großrechner ist dies in der Regel kein Problem, da ein physischer Großrechner üblicherweise in Form mehrerer „logischer Rechner" betrieben wird. Bei einem OS/390-Rechner geschieht dies in Form logischer OS/390-Partitionen. Auch jeder logische Rechner darf somit nur in maximal einer Zellenausprägung eingebunden sein.

- *Neben diesen drei Zellen sollte es bei der DBF keine weiteren geben.*
  Der Betrieb weiterer Zellen würde den Administrations-, Schulungs- und Kostenaufwand (z.B. durch weitere Lizenzen) unnötig erhöhen. Soll der Umgang mit DCE allerdings nur studiert oder geübt werden, so kann DCE natürlich schon auf einigen wenigen Laborrechnern in Form einer „Testzelle" eingesetzt werden. Die Struktur der Testzelle darf beliebig sein, aber keine DCE-Koppelung mit Rechnern der Integrations-, Entwicklungs- oder Produktionszelle aufweisen.

Anmerkung. Wie oben beschrieben, ist dieses DCE-Konzept für eine Firma mit heute etwa 20 Zweigstellen geschrieben. Am Konzept in diesem Buch ändert sich jedoch nichts, wenn „Zweigstellen" zu „Regionen" zusammengefaßt werden, oder wenn unter „Zweigstelle" irgendwelche anderen „logisch zusammengehörigen Gruppen von DCE-Anwendern der Firma" verstanden werden. Es muß lediglich zwischen „Zweigstellen" als solchen und der DCE-Betriebszentrale unterschieden werden (siehe Abb. 3.1). Im folgenden wird nur der Aufbau der *produktiven* Zelle behandelt.

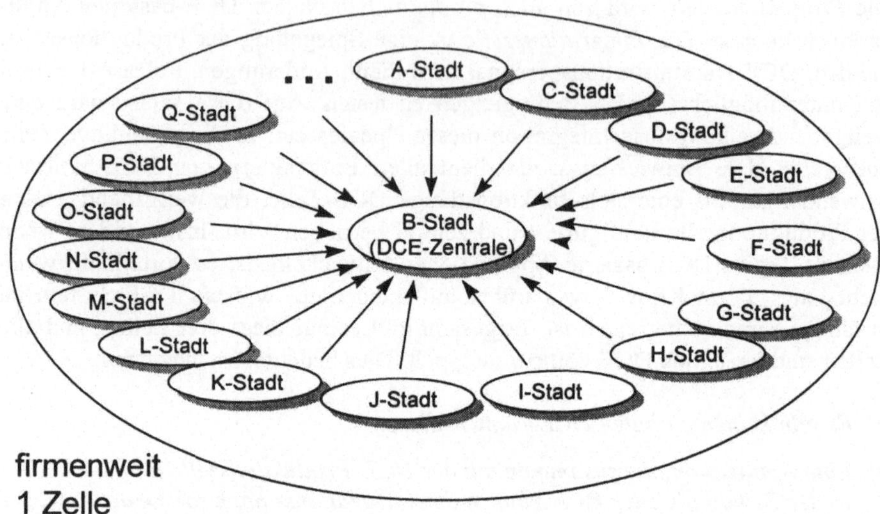

Abb. 3.1 DCE-Zelle der DBF mit vielen Zweigstellen und einer Zentrale

3.2.2 Aufbau der DCE-Zelle

3.2.2.1 Einführungskonzept in zwei Phasen

Die Einführung von DCE erfolgt bei der DBF in zwei Phasen.

Phase 1. Abb. 3.2 zeigt die Grobstruktur der DCE-Zelle in Phase 1. In der Zentrale laufen UNIX-Maschinen mit dem Name-Server, Backup-Name-Server, Security-Server und Backup-Security-Server. In Zweigstellen läuft hingegen lediglich die DCE-Client-Software, die u.a. den Zugriff auf die DCE-Server in der Zentrale ermöglicht. Diese DCE-Client-Software besteht vor allem aus einer DCE-Library sowie einigen wenigen Programmen (wie z.B. dce_login zum Anmelden in DCE).

Phase 2. Abb. 3.3 zeigt die Grobstruktur der DCE-Zelle in Phase 2. Die Zentrale wird unverändert betrieben. Einige Zweigstellen (1 und 2 im Beispiel) haben zusätzlich zur DCE-Client-Software aus Phase 1 noch eine vollständige Nur-Lese-Kopie des Security-Servers aus der Zentrale und/oder einen Name-Server mit einer partiellen Kopie des Namensraums. Teile des Namensraums werden in solchen Kopien (und nicht mehr in der Zentrale) beschreibbar verwaltet. In Abb. 3.3 wird dies jeweils durch ein dunkles Dreieck im Name-Server symbolisiert.

Durch diese Replikation steigt die Performance. Hardwaremäßig ist die Performance am größten, wenn die Server jeweils auf einer eigenen leistungsfähigen UNIX-Maschine betrieben werden (wie in Zweigstelle 1 in Abb. 3.3). Mit geringerer Leistung können die Server in den Zweigstellen auch zusammen mit anderen Applikationen auf der gleichen UNIX-Maschine laufen (wie in Zweigstelle 2 in Abb. 3.3). Es sollte jedoch darauf geachtet werden, daß die Rechner, die DCE-Software ausführen (insbesondere Rechner mit Replikaten der DCE-Server), möglichst direkt am ComNet angeschlossen sind, so daß der Zugriff auf DCE-Server immer über nur wenige Router erfolgen kann. Jeder Router, insbesondere wenn er intern ältere Protokolle verwendet, verlangsamt die Datenübertragung auf dem Rechnernetz.

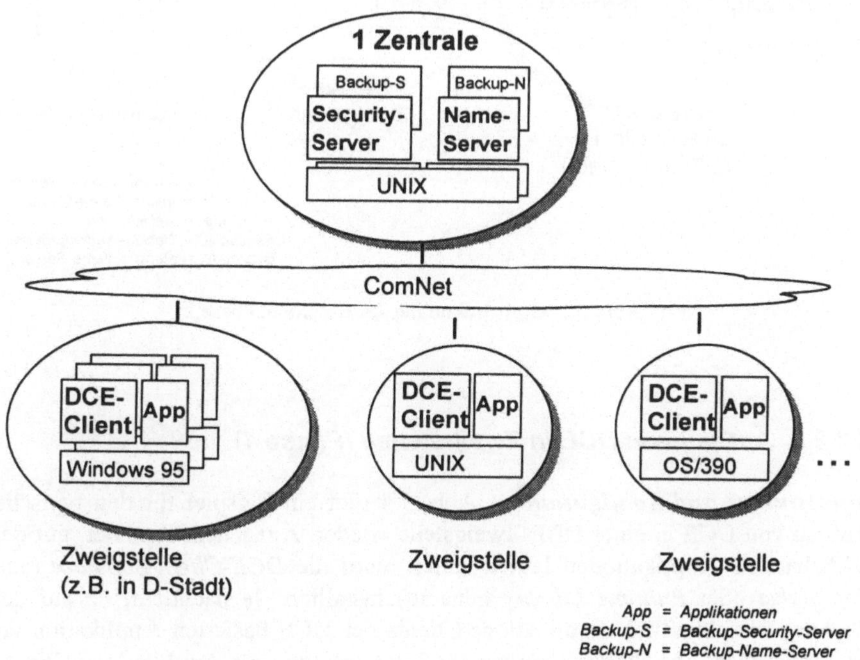

Abb. 3.2 Grobstruktur der DCE-Zelle in Phase 1

Im folgenden wird die Infrastruktur mehr im Detail diskutiert. Dabei wird zunächst für Phase 1 die Infrastruktur einschließlich der Aufgaben und Verteilung der DCE-Komponenten (Name-Server, Security-Server)

- in einer Zweigstelle (Abschn. 3.2.2.2) bzw.
- in der Zentrale (Abschn. 3.2.2.3)

betrachtet. Anschließend wird auf die Änderungen und die sich ergebende Infrastruktur in Phase 2 eingegangen (Abschn. 3.2.2.5).

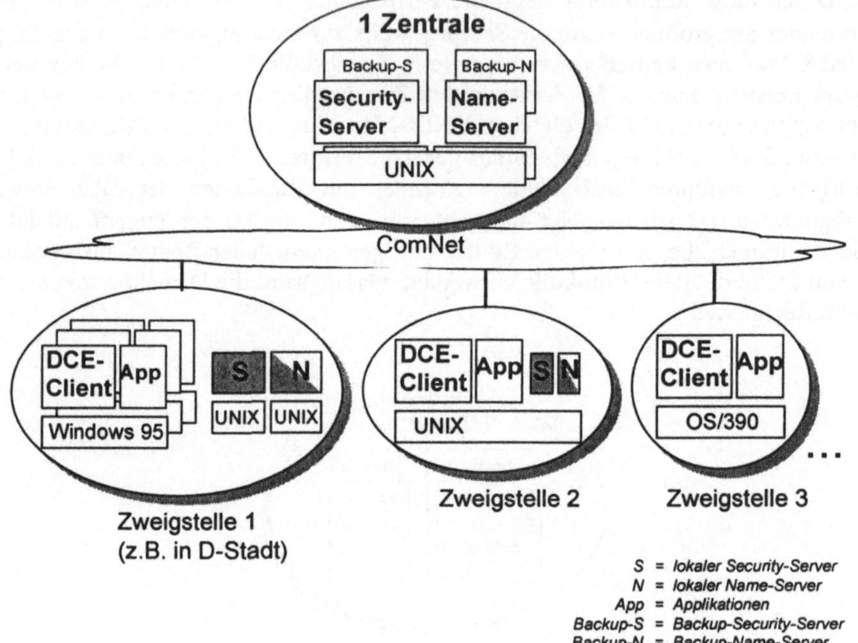

Abb. 3.3 Grobstruktur der DCE-Zelle in Phase 2

3.2.2.2 Aufbau von DCE in Zweigstellen (Phase 1)

Infrastruktur und Konfiguration. Abb. 3.4 gibt ein Beispiel für den typischen Aufbau von DCE in einer DBF-Zweigstelle wieder. Auf jedem Rechner, auf dem DCE-basierte Applikationen laufen sollen, wird die *DCE-Client-Software* (auch *Basispaket* oder *Runtime Library* genannt) installiert. Je nachdem, ob auf dem Rechner ausschließlich Applikations-Clients der DCE-basierten Applikation laufen oder aber Applikations-Server (ggf. zusammen mit Applikations-Clients), unterscheidet sich die notwendige Konfiguration.

Fall 1: Nur Applikations-Clients. Wird der Rechner nur zum Ausführen von DCE-basierten Applikations-Clients benötigt, so wird er bei der DBF wie folgt konfiguriert:

- Installation des DCE-Basispakets und Konfiguration als *Thin Client*
- Option „automated login enabled" ausgewählt
- Setzen der Variablen RPC_SUPPORTED_PROTSEQS=ncacn_ip_tcp

Aufgrund der relativ großen Zahl an PCs bei der DBF erfolgt die Verteilung und Installation des Basispakets über Scripts der Produkte *SMS* und *WinInstall*. Hierzu müssen aus der DCE-Client-Software SMS-Pakete gebildet werden, die den genauen Konfigurationsablauf kennen. Diese Pakete müssen getestet werden, da das gleiche Paket zur Installation auf verschiedenen PCs mit unterschiedlicher Software zum Einsatz kommen wird. Die Installation selbst erfordert auf jedem PC dann nur ein einziges „O.K." des Benutzers.

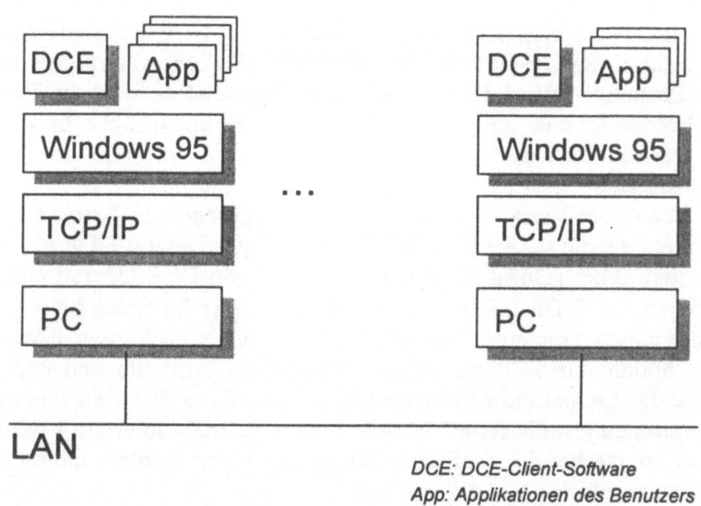

Abb. 3.4 Aufbau in einer Zweigstelle (Beispiel)

Bei dem hier konfigurierten Thin Client wird weder der DCE-Dämon-Prozeß gestartet noch der CDS-Advertizer.

Würde ein *DCE-Dämon* gestartet, so könnten von diesem für den Rechner, auf dem der Dämon läuft, rechnerspezifische Dienste bezogen werden. Hierzu gehört zum einen die Verwaltung der Endpoint Map für diesen Rechner. In der Endpoint Map sind die Endpunkte (bei TCP/IP: Ports) der DCE-basierten Applikations-Server auf diesem Rechner eingetragen, an denen die Server auf Anfragen von Clients warten. Zum anderen ermöglicht der DCE-Dämon auch einen über DCE geschützten Zugriff auf die keytab-files, in denen die Paßwörter der auf dem gleichen Rechner laufenden Applikations-Server abgelegt sind. Da auf dem Rechner jedoch nur Applikations-Clients und keine Applikations-Server laufen, ist ein Starten des DCE-Dämons nicht nötig.

Der CDS-Advertizer würde das Lokalisieren neuer Name-Server-Replikate im gleichen LAN unterstützen. In Phase 1 wird es jedoch keine Name-Server-Replikate in Zweigstellen geben, so daß auch der CDS-Advertizer nicht benötigt wird.

Der Vorteil von Thin Clients liegt darin, daß weniger Prozesse gestartet werden müssen. Ein verdeckter Vorteil von Thin Clients liegt auch in der einfacheren Installation und Konfiguration (siehe Abschn. 4.2.6).

Die Option „automated login enabled" sorgt dafür, daß der Benutzer nach dem Anmelden in NT automatisch auch in DCE angemeldet wird, sofern Account-Name und Paßwort in NT und DCE gleich sind. Das Anmelden in NT wird bei der DBF bei jedem Neustart eines PCs automatisch abgefragt, damit er über das MMDK einen Zugriff auf Netzressourcen wie z.B. Shares erhält. Durch die Kopplung der Logins für NT und für DCE über die „automated login enabled"-Option ändert sich damit für den Benutzer bei der DBF am gewohnten Verhalten seines PCs nichts. Er muß nicht daran denken, sich in DCE anzumelden.

Die Variable RPC_SUPPORTED_PROTSEQS kontrolliert die Wahl des Transport-Protokolls. Wird der Wert wie gezeigt gesetzt, so wird die Verwendung anderer Protokolle wie z.B. dem UDP-Protokoll unterdrückt und das TCP-Protokoll verwendet. Das Setzen kann z.B. in Windows 95 in der Datei *auto-exec.bat* erfolgen.

Das Setzen dieser Variable war zuerst nicht vorgesehen. In Tests kam es jedoch zu Problemen, als die verwendete DCE-Software per Default UDP als Transport-protokoll auswählte. Häufig bei der Ausführung von DCE-Operationen im Netz verlorengegangene UDP-Pakete führten dazu, daß die Software bei vielen DCE-Operationen einen Timeout abwartete, danach jeweils nach etwa 1 Minute auto-matisch temporär auf TCP als Transport-Protokoll umstellte und erst dann die gewünschte DCE-Operation beenden konnte. De facto dauerten dadurch einige DCE-Operationen jeweils etwa 1 Minute, was nicht mehr toleriert werden konnte. Der Defekt konnte bei der DBF zuverlässig umgangen werden, indem obige Va-riable gesetzt wurde.

Fall 2: Applikations-Server (und eventuell Applikations-Clients). Wird der Rech-ner als Applikations-Server (und eventuell zusätzlich für Applikations-Clients) eingesetzt, so wird zu obigem zusätzlich der DCE-Dämon zur Verwaltung der Endpoint Map nötig. Es wird deshalb folgendes installiert bzw. konfiguriert:

- Installation des DCE-Basispakets
- Konfiguration des Basispakets als *Fat Client* (d.h. mit DCE-Dämon, aber bei der DBF ohne den CDS-Advertizer) und mit der Option „automated login enabled"
- Setzen der Variable RPC_SUPPORTED_PROTSEQS=ncacn_ip_tcp

Produkteauswahl (DCE-Produkte in Zweigstellen). Werden von zwei Firmen X und Y für ihre UNIX-Rechner jeweils DCE-Produkte angeboten, so sollte es prin-zipiell kein Problem sein, auf einem Teil der UNIX-Rechner in der gleichen Zelle DCE-Software der Firma X und auf einem anderen Teil DCE-Software der Firma Y zu verwenden. Die DCE-Protokolle sind standardisiert und kompatibel.

Aus betrieblicher Sicht hat dies jedoch Nachteile wie beispielsweise einen er-höhten Wartungsaufwand, da durch den Einsatz mehrerer Produktehersteller z.B. auch die Gesamtzahl durchzuführender Tests bei Release-Wechsel steigt.

Ein Test neuer Releases ist vor einer produktiven Nutzung immer sinnvoll. Bei der DBF trat z.B. in einem DCE-Produkt ein Memory-Leak-Problem beim Zugriff auf DCE über das GSS-API auf. Dies bedeutet, daß bei bestimmten GSS-API-Aufrufen durch die Applikation jeweils intern (im verwendeten DCE-Produkt) Speicherplatz reserviert wurde, dieser jedoch später nicht wieder ganz freigegeben wurde. Nach hinreichend vielen solchen Aufrufen seitens der Applikation, wäre der ganze verfügbare Speicher belegt, und die Applikation kann nicht mehr weiter ausgeführt werden. Glücklicherweise konnte das Memory-Leak-Problem inzwischen von der Herstellerfirma behoben werden.

Aus diesen Gründen wurde bei der Wahl der Hersteller der verwendeten DCE-Produkte bei der DBF versucht, sich firmenweit möglichst pro Maschinen-Typ (PC, UNIX-Rechner, Großrechner) jeweils für eine einzige DCE-Herstellerfirma zu entscheiden, um so von vornherein eine gewisse Homogenität bezüglich DCE zu erreichen. Bei den UNIX-Rechnern, auf denen DCE der Firma X läuft, sollte bei der DBF zusätzlich idealerweise auch die Rechner*hardware* von der Firma X sein.

Die DBF betrieb bisher bereits sehr viel Software auf IBM-AIX-UNIX-Maschinen. Deshalb sollten die DCE-Server ebenfalls auf solchen Maschinen laufen, und die Server-Software wurde von IBM beschafft. Als Konsequenz wurden auch für die von Applikations-Servern genutzten DCE-Clients auf UNIX DCE-Produkte von IBM vorgesehen. Da es DCE bisher nicht von der Firma Microsoft gibt, wurde bei der Wahl der DCE-Client-Software auf PCs mit dem Microsoft-Betriebssystem „Windows 95" Produkte anderer Firmen betrachtet (siehe Abschn. 4.2.9). Die Entscheidung viel zu Gunsten der Firma Gradient aus. Insgesamt hat sich die DBF damit für die in Tabelle 3.1 bis Tabelle 3.3 aufgeführten DCE-Produkte entschieden.

Zeitkonzept. Zum Betrieb von DCE ist eine Synchronisierung der Rechneruhren notwendig. Abweichungen von mehr als größenordnungsmäßig 5 Minuten können je nach Konfiguration zum Abtrennen (off-line-Schalten) jeglicher DCE-basierter Software von den restlichen, noch synchronen Rechnern führen, da der Security-Server alle Vorgänge mit einem zu alten (zu neuen) Zeitstempel als gefälscht erachtet und ablehnt. (Obgleich der Default „5" ein theoretisch konfigurierbarer Wert ist, sollte er unverändert belassen werden, siehe Abschn. 4.2.7.)

Natürlich könnten die Uhren aller PCs, UNIX-Rechner usw., auf denen DCE-Software läuft, durch das DCE-Produkt selbst synchronisiert werden. Ein Konzept hierzu war ursprünglich bei der DBF vorgesehen und ist im Anhang B beschrieben. Allerdings wird DCE bei der DBF zunächst nicht auf allen Rechnern eingesetzt. Würde zur Zeitsynchronisierung der DCE-Zeitdienst auf den Rechnern verwendet, auf denen DCE-basierte Applikationen laufen, so gäbe es für diejenigen Rechner, die ebenfalls zeitsynchron sein müssen, auf denen aber keine DCE-basierte Applikationen laufen, nur die folgenden zwei Möglichkeiten:

- Trotzdem auf diesen Rechnern DCE installieren, nur um den DCE-Zeitdienst verwenden zu können.
- Auf diesen Rechnern ein anderes Uhrensynchronisierungsprotokoll verwenden.

Tabelle 3.1 Windows 95 (Client)

	Komponente	Produktname
Betriebssystem		Windows 95
Client-Software	Runtime Library (o.DFS)	Gradient PC-DCE for Windows 95 R/T V1.1/2.03
Applikations-Entwicklung	DCE-Komponenten zur Entwicklung von DCE-basierten Applikationen	Gradient PC-DCE Windows 95 ADK V1.1

Tabelle 3.2 AIX (Client)

	Komponente	Produktname
Betriebssystem		AIX 4.1.4
Client-Software	Runtime Library (o.DFS)	in AIX enthalten
Applikations-Entwicklung	DCE-Komponenten zur Entwicklung von DCE-basierten Applikationen	DCE ADK V2.1

Tabelle 3.3 OS/390 (Client)

	Komponente	Produktname
Client-Software	Basispaket	OS/390 Open Edition DCE Base V1.2.2, OSF 1.1
Applikations-Entwicklung	DCE-Komponenten zur Entwicklung von DCE-basierten Applikationen	OS/390 Open Edition DCE Application Support V1.3.0

Während die erste Variante aus Kostengründen bei der DBF nicht interessant war, könnte die zweite zu Konflikten führen, und zwar wenn beide Zeitsynchronisierungsprotokolle sich auf verschiedene Zeiten synchronisieren und Client-Server-Applikationen, die teils auf mit DCE und teils auf nicht mit DCE synchronisierten Rechnern laufen, miteinander interagieren müssen.

Aus diesem Grund wurde beschlossen, firmenweit nur ein einziges Uhrensynchronisierungsprotokoll zu betreiben und hierzu nicht DCE zu verwenden. An das fremde (d.h. nicht DCE-basierte) Uhrensynchronisierungsprotokoll werden von DCE folgende Anforderungen gestellt:

- Zeitsynchronisierung aller Rechner, auf denen DCE-basierte Applikationen laufen, auf eine maximale Zeitdifferenz von +/− 5 Minuten. (Dies sollte für solche Protokolle sehr leicht zu erfüllen sein.)
- Uhrenkorrekturen sollten graduell (d.h. nicht abrupt) erfolgen können, da andernfalls Applikationen Probleme bekommen könnten.
- Die Zeitbasis und das Synchronisierungsprotokoll selbst sollten vor unbefugten Manipulationen geschützt sein.

Ausgewählt wurde das Network Time Protocol mit Funkuhren als Zeitgebern. Diese Funkuhren empfangen firmenweit das sehr genaue DCF77-Zeitbroadcast-Signal.

3.2.2.3 Aufbau von DCE in der Zentrale (Phase 1)

Infrastruktur. Die Zentrale betreibt die DCE-Server. Auf insgesamt drei UNIX-Maschinen laufen so, wie in Abb. 3.5 gezeigt, jeweils der Master-Name-Server, Backup-Name-Server, Master-Security-Server, Backup-Security-Server sowie ein Administrationstool. Der Zusatz „Master" bedeutet in diesem Buch, daß lesbare und aktualisierbare Objekte verwaltet werden. Demgegenüber wird der Zusatz „Backup" gebraucht, wenn nur nicht-modifizierbare, d.h. read-only-, Objekte verwaltet werden. Auf den in Abb. 3.5 genannten Rechnern der Zentrale dürfen keine (Anwender-)Applikationen laufen. Insbesondere für den Security-Server ist diese Anforderung sinnvoll, damit dieser bestmöglich vor Ausfall geschützt wird. Das ist wichtig, da bei Ausfall aller Security-Server alle DCE-basierten Anwendungen stillstehen würden. Folgende Hardware/Software wird in der Zentrale der DBF benötigt:

- *Hardware*
  3 UNIX-Rechner mit:

  - 1 PowerPC-Prozessor (oder vergleichbarem anderen Prozessor), 166 MHz
  - mindestens 256 MB (erweiterbar auf 512 MB) Hauptspeicher
  - mindestens zwei 2 GB Platten

- *Software*

  - 3 UNIX mit TCP/IP (AIX 4.1.4)
  - 3 DCE-Runtime Library, OSF-Level 1.1 (DCE-Software im AIX-Produkt enthalten)
  - 2 DCE-Name-Server, OSF-Level 1.1 (DCE Cell Directory Services 2.1 for AIX)
  - 2 DCE-Security-Server, OSF-Level 1.1 (DCE Security Services 2.1 for AIX)
  - 1 DCE-Administrationstool (der Cell-Manager von Chisholm Technologies, siehe Abschn. 4.2.5)

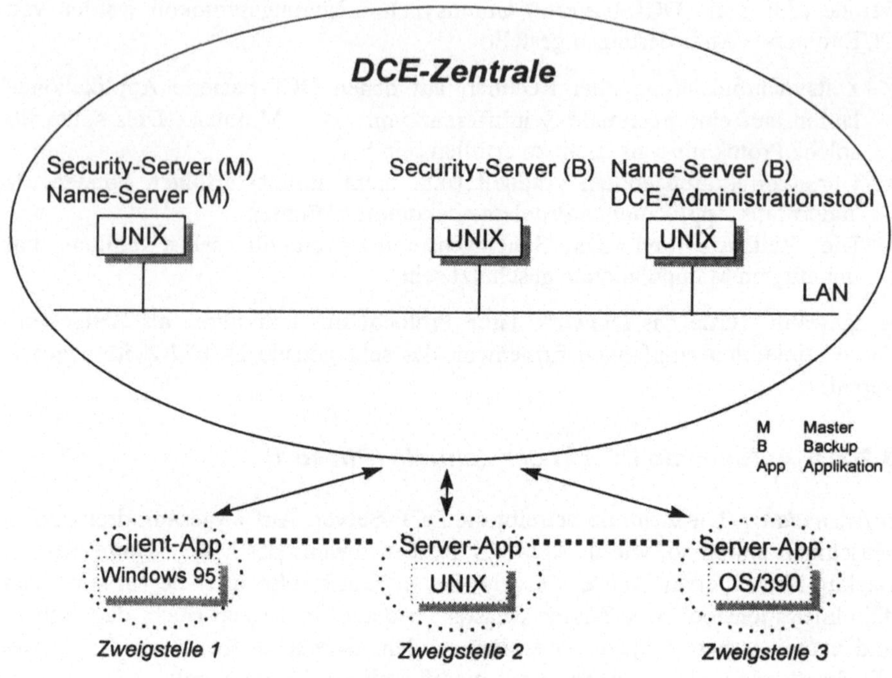

Abb. 3.5 Aufbau der Zentrale

Name-Server. Beide Name-Server (Master und Backup), verwalten jeweils eine vollständige Kopie des gesamten globalen Namensraumes. Der Einfachheit halber hat man sich dazu entschlossen, *alle* Einträge im Master-Name-Server lesbar und beschreibbar zu halten, hingegen alle Einträge im Backup-Name-Server nur lesbar. Die Replikate im Backup-Name-Server werden durch DCE automatisch aktuell gehalten. Um die Last zu verteilen, greifen bei Lesezugriffen statistisch gesehen je die Hälfte der Zweigstellen auf den Master-Name-Server bzw. dessen Backup zu. (Welche Zweigstellen auf welchen Server zugreifen, entscheidet DCE intern.) Bei schreibenden Zugriffen greifen alle Zweigstellen automatisch auf den Master-Name-Server (und nicht den Backup-Name-Server) zu.

Beim Ausfall des Master-Name-Servers ist in keiner Zweigstelle eine Umkonfigurierung erforderlich. Lesezugriffe der Clients gehen automatisch auf den Backup-Name-Server. Schreibzugriffe der Clients sind so lange nicht möglich, bis der Backup-Server zum Master-Server in der DCE-Zentrale umgeschaltet wurde. Für diese Umschaltung muß in der Zentrale im Backup-Name-Server für *jedes* im Master-Name-Server ausgefallene Verzeichnis-Replikat separat eine Attributsänderung von „nur-lesbar" auf „aktualisierbar" durchgeführt werden.

Sicherungskopien brauchen nur von dem Clearinghouse des Master-Name-Servers regelmäßig gezogen zu werden – aufgrund des identischen Inhalts jedoch nicht vom Clearinghouse des Backup-Name-Servers.

Security-Server. Für den Schutz vor Ausfall (sowie aus Performancegründen) wird ein Backup-Security-Server eingesetzt. Für den Schutz vor unerwünschten Manipulationen am Security-Server wäre es gut, wenn die drei UNIX-Maschinen mit Security- und Name-Server in physisch zugangsgeschützter Umgebung (z.B. im Keller hinter im Normalfall verschlossenen Türen) aufgestellt werden könnten.

Audit-Dämon. Mit jedem Security-Server (Master wie Backup) wird je ein Audit-Dämon gestartet. Mit diesem können Ereignisse wie beispielsweise „Anmelden eines Benutzers in DCE", „Nicht-erfolgreicher Anmeldeversuch" usw. protokolliert und selektiert werden. Die Audit-Ereignisse werden durch DCE in Binärformat in Log-Dateien (*audit trail files*) geschrieben. Die Log-Dateien sollten je nach zu erwartender Anzahl und Auswahl der zu protokollierenden Ereignisse auf eine sinnvolle maximale Größe beschränkt werden. Wird diese Größe erreicht, wird die Datei unter einem anderen Namen abgespeichert und auf Band archiviert. Die Auswertung dieser Dateien kann beispielsweise mit selbstgeschriebenen UNIX-Scripts erfolgen, in denen dcecp-Befehle (z.B. in der Art „dcecp -c audtrail show -event 0x101 sec_audit_trail" für Ereignisse mit der Nummer 0x101) die interessierenden Ereignisse aus den Log-Dateien herauslesen. DCE bietet jedoch auch eine Schnittstelle, über die per selbstgeschriebenem Programm Audit-Datensätze ausgelesen und analysiert werden können (siehe z.B. [17]).

Tabelle 3.4 AIX (Server)

	Komponente	Produktname
Betriebssystem		AIX 4.1.4
Server-Software	Security-Server	DCE Security Services 2.1 for AIX (für N Benutzer)
Server-Software	Name-Server	DCE Cell Directory Services 2.1 for AIX
Applikations-Entwicklung	Applikationsentwicklung	DCE ADK V2.1
Administration		Cell Manager V1.6 von Chisholm Technologies

Produkteauswahl (DCE-Produkte für die Zentrale): Für die DCE-Server entschied man sich, AIX-Maschinen zu nutzen. Tabelle 3.4 gibt die ausgewählten Produkte genauer an.

Administrationstools. Für Phase 1 (zentrale Verwaltung) wird bei der DBF der Cell-Manager auf einer AIX-Maschine betrieben werden (weil in der DBF die Software dort vorher auch getestet wurde). Der Cell-Manager soll *nicht* auf dem gleichen Rechner laufen wie die Master-Security- oder Master-Name-Server. Andernfalls könnte gerade ein Ausfall eines solchen Rechners und der damit verbundene gravierende Ausfall des Master-Security-(Name-)Servers nicht über das Administrationstool behandelt werden.

3.2.2.4 Einbindung von DCE in Applikationen

In der DBF wurden anfangs die Zugänge über GSS-API und DCE-RPC in der in Abb. 3.6 gezeigten Art erwogen. Die Kommunikation zwischen Windows-95-Rechner und UNIX wurde dabei über CORBA angedacht und mit dem GSS-API geschützt. Für die Strecke von UNIX-Rechnern auf Großrechner konnte kein CORBA verwendet werden, da es zur damaligen Zeit noch keine Implementierung von CORBA für den Großrechner gab. Es wurde daher MQ-Series und der DCE-RPC zur Kommunikation untersucht, wobei der DCE-RPC den Vorteil der Integration von DCE bot. Darüber hinaus gibt es für den DCE-RPC mit den IBM-Produkten AS/IMS und AS/CICS einfache Möglichkeiten, die in der DBF auf den Großrechnern betriebenen IMS- und CICS-Systeme anzubinden.

Inzwischen gibt es jedoch CORBA-Implementierungen auf dem Großrechner, z.B. von den Firmen IBM und Iona. Die Trennung „Kommunikation über COR-BA und Sicherheit über DCE" kann daher durchgängig von Windows 95 bis zum Großrechner realisiert werden. In der DBF wurde deshalb vorgesehen, daß neue Applikationen, sofern technisch möglich, durchgängig über CORBA kommunizieren und DCE zur Bereitstellung eines plattformübergreifenden Zugriffsschutzmechanismus nutzen. Insbesondere soll aus diesem Grund bei der DBF möglichst nicht der DCE-RPC verwendet werden. Die Security-Anbindung soll einheitlich über die folgende Library beschritten werden.

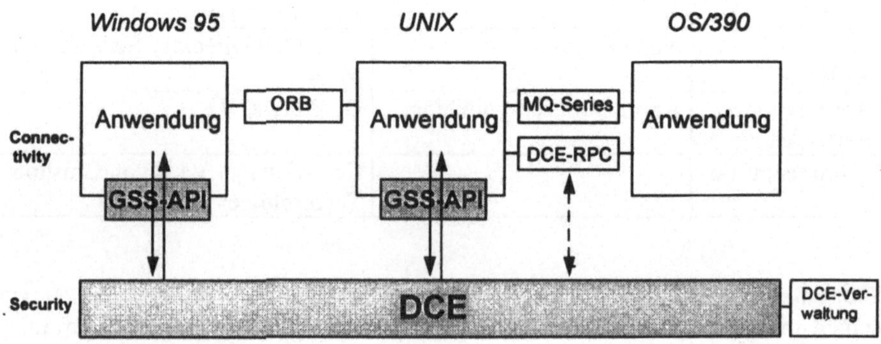

Abb. 3.6 Zwei mögliche Zugriffsarten von einer Applikation auf DCE

Firmeninterne Library. Die DBF hat zum Zugriff auf DCE aus CORBA (Orbix) eine eigene Library geschrieben. Diese läßt sich wie in Abb. 3.7 gezeigt als eine

Black-Box auffassen. Intern nutzt diese Library das GSS-API, um auf DCE zuzugreifen. Nach oben bietet die Library jedoch eine erheblich einfachere Schnittstelle für Applikationen an. Im wesentlichen werden lediglich einige wenige intuitiv leicht zu verstehende Funktionen zur Realisierung der Security-Bedürfnisse der DCE-Applikationen angeboten. Hierzu gehören vor allem Funktionen zur Zugriffsrechts-, Gruppen- und Identifikationsabfrage wie etwa *is_user_authorized()* oder *is_user_in_group()*. Die direkte Benutzung der Library-Funktionen erspart den Applikationsprogrammierern den Aufbau von Know-how über das GSS-API.

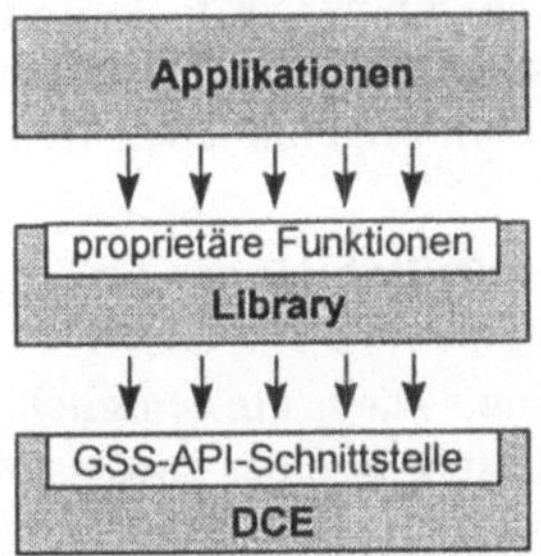

Abb. 3.7 Zugriff auf DCE über eine firmeninterne Library

Die Library erfüllt somit zwei wichtige Ziele. Zum einen wird der Prozeß der Applikationsentwicklung vereinfacht. Gleichzeitig wird jedoch auch eine Entkopplung des firmeninternen Applikationscodes vom DCE-Produkt und als Folge davon ein *Investitionsschutz* erreicht. Mit Investitionsschutz ist hier gemeint, daß der Investitions-Aufwand in die Entwicklung der Applikationen i.a. nicht verloren ist, selbst wenn beispielsweise DCE in Zukunft durch eine neue, nicht kompatible Version oder gar durch eine ganz andere Sicherheits-Software ersetzt werden müßte: In diesem Fall besteht die Hoffnung, daß eine Anpassung der Library ausreicht, der Applikationscode selbst jedoch nicht modifiziert zu werden braucht. Insofern wird daher die Investition in die Applikationsentwicklung geschützt.

Die applikationsspezifische Zugriffskontrolle wurde prinzipiell nach folgendem Schema realisiert: In einer Applikation mit Namen *app1* sei X der Name einer Methode, dessen Zugriff geschützt werden soll. Dann wird im Verzeichnis /.:/ projects / *app1* des globalen DCE-Namensraums X als DCE-Name abgelegt. Diesem Namen wird eine ACL zugeordnet, die die Zugriffsrechte auf die Methode X definiert. Bevor die Methode X in der Applikation ausgeführt wird, wird überprüft, ob eine entsprechende Zugriffsberechtigung auf den im DCE-Namensraum eingetragenen Methodennamen X besteht. Nur wenn dies der Fall ist, wird die Ausführung der Methode X erlaubt.

3.2.2.5 Änderungen in Phase 2

Phase 1 ist zentral organisiert. Dadurch ist der Betrieb vergleichsweise einfach, und es wird Zeit gewonnen, um die Beherrschung der DCE-Administration zu verfeinern und zu perfektionieren.

In Phase 2 ändert sich für die DCE-Zentrale prinzipiell nichts. Software und Infrastruktur bleiben unverändert erhalten. Allerdings kann die Zentrale *bei Bedarf* zusätzliche DCE-Replikate in Zweigstellen betreiben (*Software-Streuung*) oder sogar Administrationsaufgaben in Zweigstellen auslagern (*Administrations-Streuung*). Für die übrigen, nicht direkt involvierten Zweigstellen ändert sich dadurch nichts. In beiden Fällen muß bei der DBF die Erlaubnis zur Software- bzw. Administrations-Streuung von der DCE-Zentrale erteilt werden. Eine Zweigstelle kann sich also nicht selbst dazu „ermächtigen". Auf die sich ergebenden technischen Änderungen wird im folgenden näher eingegangen.

3.2.2.5.1 Änderungen bezüglich Name-Server

Software-Streuung. Zum einen kann, um lediglich die Performance zu erhöhen und das Rechnernetz zu entlasten, in einer Zweigstelle ein *Backup-Replikat* (d.h. eine Nur-Lese-Kopie) eines Teils des Namensraums installiert werden (beliebig ausgewählte Verzeichnisse mit den darin enthaltenen Namenseinträgen). Aktualisierungen von Namenseinträgen werden dann nach wie vor über die Zentrale abgewickelt, aber Lesevorgänge werden zum Teil auch lokal und damit insgesamt schneller durchgeführt. Der Preis dafür ist der nun erforderliche Administrationsaufwand für das Replikat (u.a. Aufwand von DCE zur Konsistenzerhaltung, Wiederhochfahren nach Ausfall usw.).

Die zu verwendenden Software-Produkte sind analog zu denen der Zentrale. Von jedem Rechner, auf dem DCE-Software läuft, wird trotz der Replikation nach wie vor der vollständige Namensraum gesehen (sofern die dazu jeweils nötigen Zugriffsrechte vorliegen). Dies ist unabhängig davon, ob lokal ein Replikat des Name-Servers mit einer vollständigen oder teilweisen Kopie des Namensraums läuft. Ein regelmäßiges Backup wird von der Masterkopie erzeugt. Hier ändert sich daher nichts.

Administrations-Streuung. Bei Administrations-Streuung wird die Administration eines Teils der produktiven DCE-Zelle nicht mehr allein von der Zentrale aus vorgenommen. Vielmehr wird die Verwaltung bestimmter DCE-Ressourcen ausgelagert und von einer Zweigstelle übernommen. Hierzu wird in einer solchen Zweigstelle hinreichend ausgebildetes Administrationspersonal benötigt.

Die Verteilung der Administration soll anhand eines Beispiels verdeutlicht werden. In Phase 1 seien hierzu die DCE-Einträge für eine Applikation *app1* (Gruppenmitgliedschaften, Namenseinträge, Zugriffsrechte, Attributseinträge zu CDS-Namen usw.) physisch in der DCE-Zentrale in B-Stadt gespeichert und auch dort verwaltet. Die Applikation werde firmenweit genutzt, aber hauptsächlich von Mitarbeitern in der Zweigstelle in D-Stadt.

Wird nun in Phase 2 die Verwaltung der *app1*-DCE-Einträge an die Zweigstelle in D-Stadt ausgelagert, entsteht der Vorteil, daß das D-Städter Personal einen Teil der in der DCE-Zentrale gespeicherten DCE-Daten unabhängig und eigenverantwortlich direkt modifizieren kann. Wird in Phase 2 zusätzlich die physische Speicherung der *app1*-Daten nach D-Stadt ausgelagert, so addiert sich zu diesem Vorteil die höhere Zugriffs-Performance von D-Stadt aus. In beiden Fällen ist jedoch ein entsprechendes Know-how beim D-Städter-DCE-Administrationspersonal erforderlich, da es für die von ihr verwalteten Teile der DCE-Zelle die Verantwortung trägt.

Schutz verteilter Namensräume. Da der Namensraum prinzipiell global sichtbar ist, ergibt sich die Frage, wie in obigem Beispiel sichergestellt werden kann, daß nur Administratoren aus D-Stadt Veränderungen an dem *app1*-Namensraum vornehmen können, nicht jedoch Administratoren der Zentrale oder anderer Zweigstellen. Dies läßt sich wie folgt realisieren.

Alle Administratoren der Zweigstelle in D-Stadt, die für die Änderung von Namenseinträgen der Applikation *app1* zuständig sind, werden in die neugeschaffene DCE-Gruppe *app1_admin* aufgenommen. Im Beispiel sei *User1* ein solcher Administrator aus D-Stadt, der für die Applikation *app1* zuständig ist (siehe Abb. 3.8).

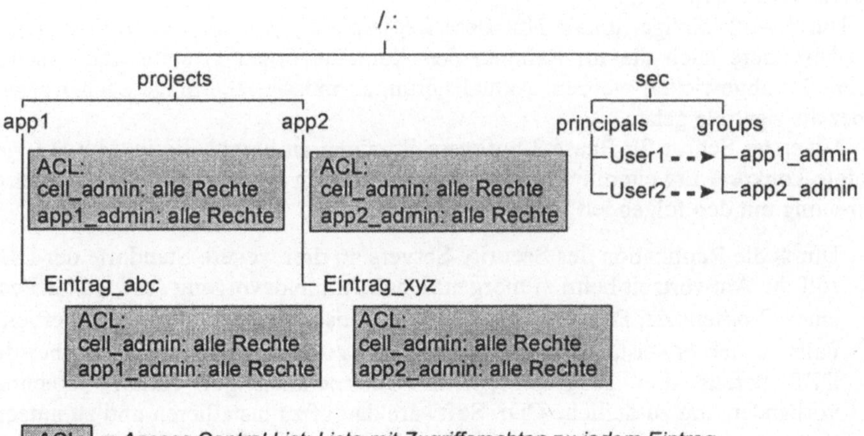

Abb. 3.8 Gegenseitiger Schutz von Namensräumen

User2 hingegen sei für die Applikation *app2* zuständig und deshalb in *app2_admin* Mitglied, nicht jedoch in *app1_admin*. Da auf das Verzeichnis *app1* (und alle dessen Unterverzeichnisse) außer dem Zellenverwalter *cell_admin* nur die Gruppe *app1_admin* Zugriff hat, kann kein anderer an diesen Einträgen Änderungen vornehmen. Insbesondere wird so erreicht, daß *User2* nicht (beispielsweise aus Versehen) in die Namensraum-Verwaltung für *app1* eingreifen kann, da dieser weder der Zellenverwalter ist noch Mitglied in der Gruppe *app1_admin*. Umgekehrt ist genauso sichergestellt, daß *User1* keinen Eintrag unter *app2* verändern kann, da er weder der Zellenverwalter ist noch Mitglied in der Gruppe *app2_admin*. Auf diese Art kann für jeden Teil des Namensraums definiert werden, wer befugt ist, dort administrative Änderungen vorzunehmen. (Die Zugriffsrechte der Benutzer der Applikationen sind in Abb. 3.8 der Übersichtlichkeit halber nicht gezeigt.)

3.2.2.5.2 *Änderungen bezüglich Security-Server*

Software-Streuung. Anders als die Einträge des Namensraums können Einträge in der Security-Server-Datenbank nicht „nur teilweise" als Master-Replikat ausgelagert werden. Vielmehr gibt es genau einen Master-Security-Server mit einer Datenbank, in der alle Einträge les- und schreibbar sind. Diese wird immer (auch in Phase 2) von der DCE-Zentrale betrieben. Von dieser Master-Datenbank kann es jedoch beliebig viele vollständige (d.h. alle Einträge enthaltende) Nur-Lese-Replikate geben. Auf Anfrage können daher bei Software-Streuung in Phase 2 solche vollständigen Nur-Lese-Replikate in Zweigstellen installiert und von der DCE-Zentrale administriert werden. Die Konsistenz-Haltung der Replikate erfolgt durch DCE intern.

Durch vollständige, lokale Nur-Lese-Replikate können die Security-Abfragen (insbesondere auch die im Rahmen des Anmeldevorgangs) statistisch gesehen schneller abgewickelt werden. Aktualisierungen müssen allerdings nach wie vor über die Zentrale gehen.

Als erster Schritt für Phase 2/Software-Streuung ist bereits die in Abb. 3.9 gezeigte konkrete Erweiterung geplant. Es handelt sich hierbei um reine Software-Streuung mit den folgenden beiden Zielen:

- Durch die Replikation des Security-Servers an drei weitere Standorte der DBF soll die Antwortzeit beim allmorgentlichen Anmeldevorgang (erwarteter Peak eines Großteils der Benutzer um 8 Uhr) statistisch gesehen verbessert werden.
- Falls es sich erweist, daß der Namensdienst zu langsam ist, wären so bei der DBF bereits drei geographisch im Unternehmen gut verteilte Rechner vorhanden, um zusätzliche CDS-Software darauf zu installieren und zu nutzen. Es kann also sehr kurzfristig auf einen Performance-Engpaß reagiert werden. Auch kann in der Zentrale noch ein Name-Server-Replikat hinzugeschaltet werden. (Aus Kostengründen wird dies jedoch erst im Bedarfsfall geschehen.)

Administrations-Streuung. In DCE-OSF-Level 1.1 läßt sich das Recht, Einträge im Master-Security-Server vorzunehmen, auf verschiedene Administratoren verteilen. Ein typisches Beispiel für Phase 2/Administrations-Streuung wäre, wenn eine Zweigstelle wie etwa die in D-Stadt „ihre" lokalen Benutzer selbst verwalten möchte (Eintragen, Löschen, Ändern usw.). Die Konfiguration könnte dabei derart gewünscht werden, daß außer der Admin-Gruppe in der Zweigstelle in D-Stadt (und dem cell_admin der Zentrale) keine anderen Zweigstellen im Security-Server Benutzer eintragen oder ändern dürfen.

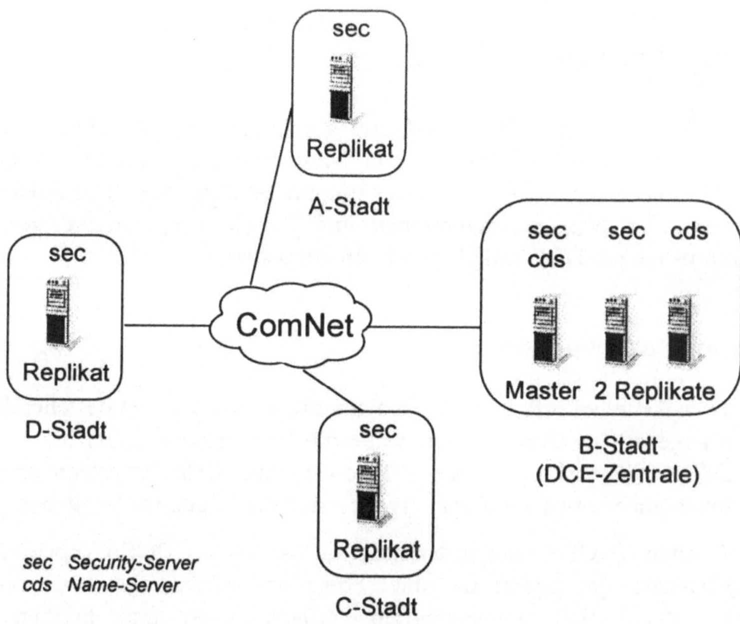

Abb. 3.9 Geplante initiale Infrastruktur in Phase 2

Der gegenseitige Schutz verschiedener Administrationsgruppen, mit dem sichergestellt werden kann, daß jede Administrator-Gruppe ihren Teil der DCE-Einträge allein und eigenverantwortlich administrieren kann, läßt sich in DCE analog zu dem oben beschriebenen Verfahren zum gegenseitigen Schutz des Namensraums über ACLs realisieren, wobei hier allerdings die ACLs der Principaleinträge und nicht die ACLs der CDS-Namen, entsprechende Rechte enthalten müssen.

Zur Unterstützung der Administration in Zweigstellen außerhalb der DCE-Zentrale sind möglicherweise weitere Lizenzen des graphischen Administrationstools „Cell-Manager" sinnvoll. Mindestens ein Teil des Administrationspersonals sollte jedoch (auch bei Verwendung des Cell-Managers oder anderen graphischen Administrationstools) in der Lage sein, das DCE-Command-line-Interface zu benutzen.

Das hier bezüglich der verteilten Administration von DCE gezeigte Maß an administrativer Unabhängigkeit ist insofern bemerkenswert, als normalerweise in DCE die administrative Unabhängigkeit durch mehrere Zellen realisiert wird, hier jedoch nur eine Einzellen-Architektur angewendet wird. Durch das hier beschriebene Vorgehen können so die Nachteile des Mehrzellen-Falls vermieden, zugleich aber dennoch einige der Vorteile des Mehrzellen-Falls genutzt werden.

3.3 Namenskonzept

Um das DCE-System der DBF langfristig administrierbar zu halten, wird dort durch das DCE-Administrationsteam ein Namenskonzept vorgegeben und die Konformität mit diesem bei der Administration sichergestellt. Ein solches Namenskonzept, das Namenskonventionen und Regeln zur Nutzung des DCE-Namensraums bei der DBF enthält, wird nun vorgestellt.

3.3.1 Namenskonventionen

Anstatt etwas Neues zu erfinden, sollen Namenskonventionen an bestehende Konventionen angepaßt werden. Konkret sollte die Namensgebung bei der DBF eng an das MMDK-Namenskonzept der DBF sowie einige Betriebssystem- und DCE-Konventionen angelehnt sein. Damit ergaben sich die folgenden Vorgaben:

- DCE-Namen (DCE-Principal-Namen, CDS-Namen, DCE-Gruppen-Namen usw.) bestehen prinzipiell aus einer Folge von *Kleinbuchstaben* (a–z ohne Sonderzeichen) und gegebenenfalls Ziffern (0–9) und können durch Bindestrich (-) oder Unterstreichung (_) getrennt werden. Sonderzeichen wie Punkte (.) sowie Schrägstriche (/ und \) dürfen nicht frei verwendet werden. Als Teil eines Namens darf insbesondere kein Doppelpunkt (:) oder Leerzeichen ( ) auftreten. Es sei erwähnt, daß DCE *case-sensitive* ist, d.h. bei Namen (insbesondere auch Benutzernamen, Paßwörtern usw.) die Groß- und Kleinschreibung unterscheidet. „*Meyer*" ist also ein anderer Name als „*meyer*". Für die Längen von CDS-Namen sind die in Tabelle 3.5 gezeigten Werte maximal zulässig [14, A-6].

Tabelle 3.5 Längenbegrenzungen

Typ	Maximale Anzahl an Zeichen
DCE-Name zwischen zwei Schrägstrichen (/)	254
gesamter DCE-Name (einschließlich Zellenname)	1023
Zeichenfolge zwischen zwei Punkten im DNS-Namen	64
Gesamtlänge des DNS-Namens	255

- Als Abkürzung für die Namen der Zweigstellen der DBF sind wie im MMDK folgende Drei-Buchstaben-Kürzel zu verwenden:

A-Stadt	ast
B-Stadt	bst
C-Stadt	cst
usw.	

- Falls ein Benutzer einen Account in NT hat, so sollte dieser Benutzer in DCE den gleichen Account-Namen eintragen lassen und zur Ermöglichung eines automatischen Logins in DCE (im Anschluß an das NT-Login) für beide Accounts das gleiche Paßwort verwenden. Andernfalls sollte der DCE-Benutzername strukturell wie alle anderen Benutzernamen bei der DBF im MMDK gebildet werden, d.h. in der Form

  tttxxyyz

wobei	ttt	obige Abkürzung der Zweigstelle ist
	xx	die ersten zwei Buchstaben des Nachnamens sind
	yy	die ersten zwei Buchstaben des Vornamens sind
	z	eine laufende Nummer ist, um die Eindeutigkeit der Namen innerhalb des Verantwortungsbereichs einer Zweigstelle zu erreichen
Beispiel:	bstmead1	für Adrian Meyer in B-Stadt

Auf diese Weise wird erreicht, daß Namen einheitlich gebildet werden und daß für die firmenweite Eindeutigkeit ein neuer Name lediglich mit allen anderen Namen der Zweigstelle verglichen werden muß.

- Namen von Clearinghouses müssen mit „_ch" enden und im Namensraum direkt unter der Wurzel /.: eingetragen werden. Die Namen sind wie folgt zu bilden:

  Rechnername_ch

wobei	*Rechnername*	Name des Rechners ist, auf dem das Clearinghouse betrieben wird. (Diesen Namen zu kennen, ist für Administratoren interessant.)
	_ch	feste Zeichenfolge
Beispiel:	lucky_ch	Name eines Clearinghouses auf dem Rechner mit Namen *lucky*

- Alle über DCE ansprechbaren Ressourcen müssen einen firmenweit eindeutigen Namen tragen.

3.3.2 Zellennamen

Bei der DBF wird empfohlen, Zellennamen generell entsprechend DNS (und nicht entsprechend X.500) zu bilden. Einen zwingenden Grund für DNS gab es nicht. Allerdings wurden alle Tests in der Firma ausschließlich mit DNS-Namen durchgeführt, und DNS ist das weiter verbreitete System, so daß die Präferenz zugunsten von DNS getroffen wurde.

Zellennamen lassen sich später nur noch mit erheblichem Aufwand (d.h. de facto nicht mehr) abändern. Wie weiter oben beschrieben, werden hier drei Ausprägungen einer Zelle vorgeschlagen, zwischen denen DCE-basiert nicht kommuniziert werden kann. Für Produktionszelle, Integrationszelle und Entwicklungszelle werden in der DBF Namen der folgenden Art verwendet:

> /.../dce_production_cell.company.de
> /.../dce_integration_cell.company.de
> '/.../dce_development_cell.company.de

In allen drei Zellen kann jeweils

> /.:

als Kurzform für den Zellennamen verwendet werden. „company.de" entspricht der für Email etc. verwendeten Domänen-Bezeichnung.

3.3.3 Softlinks

*Softlink*s sind reguläre Einträge im Namensraum, die als Pointer auf andere Einträge im Namensraum (der lokalen oder sogar einer anderen DCE-Zelle) zeigen. Sie können z.B. verwendet werden, wenn der Namensraum geringfügig restrukturiert werden soll. Wird beispielsweise ein DCE-Name a in b umbenannt, so wird b als neuer DCE-Name erfaßt und aus a ein Softlink gemacht, der auf b zeigt. Intern wird dies realisiert, indem „a" ein Name im DCE-Namensraum ist, welcher in seinem Attribut *CDS_LinkTarget* den Attributswert „b" gespeichert hat. So kann durch den Softlink in einer Übergangsphase in den Applikationen auf den neuen Name b noch unter dem alten Namen a (d.h. wie vorher) zugegriffen werden. Sind alle Applikationen auf den neuen Namen umgestellt, kann der Softlink wieder entfernt werden.

In der DBF sollen Softlinks nur in Ausnahmefällen und wenn, dann auch nur temporär (z.B. maximal zwei Monate lang) eingesetzt werden. Insbesondere sollen Softlinks in der DBF nicht dazu verwendet werden, Abkürzungen für lange DCE-Namen zu bilden, oder für größere, strukturelle Namensraumänderungen.

Die Begrenzung auf zwei Monate wird deswegen als sinnvoll erachtet, weil andernfalls möglicherweise schon bald der Überblick verloren geht und überflüssige Softlinks im Namensraum verbleiben könnten. Je größer der erlaubte Zeitabstand gewählt wird, desto höher wäre auch die Wahrscheinlichkeit, daß die Umstellung ganz oder teilweise „vergessen" würde. Andererseits sollten in der Zeit von zwei Monaten die erforderlichen Umstellungen in der Regel immer durchführbar sein.

DCE erlaubt, allen Namen im Namensraum bei ihrer Erzeugung einen Zeitstempel zuzuordnen, über den die Gültigkeitsdauer festgelegt werden kann. Da Softlinks letztlich auch Namenseinträge sind, ist dies prinzipiell auch für Softlinks möglich. Der Administrator kann deswegen für Softlinks im System eine Gültigkeitsdauer definieren.

3.3.4 Struktur des Namensraums

Namen und Verzeichnisstrukturen des DCE-*Default*-Namensraums (vgl. Abb. 2.4) dürfen nicht geändert werden, da viele DCE-Produkte sich auf diese Struktur verlassen. Allerdings können Namen/Verzeichnisse wie in Abb. 3.10 gezeigt hinzugenommen werden.

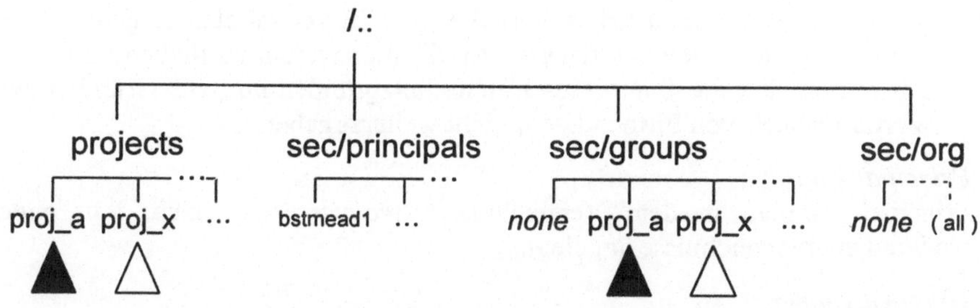

Abb. 3.10 Erweiterung des Default-Namensraums

Es wird folgende Regelung getroffen (vgl. Abb. 3.10); eine Begründung für diese Wahl wird im Anhang (Abschn. 5.4) gegeben:

- *CDS-Namen*

  - Alle CDS-Namen des Projekts bzw. der Applikation *x*, die zusätzlich zum DCE-Default-Namensraum neu hinzukommen, müssen in dem Verzeichnis /.:/projects/*x* oder Unterverzeichnissen davon gespeichert werden. Es gibt also insbesondere keine firmenweit gültigen Namen, die von allen Applikationen mitbenutzt werden könnten (mit Ausnahme von DCE-Default-Namen). Das Kürzel *x* für die Applikation (z.B. *proj_a* für das Projekt „Projekt A") wird vom Administrationspersonal der DCE-Zentrale festgelegt.

- Alle CDS-Namen der Applikation x dürfen ausschließlich durch die Applikation x verwendet werden. Möchte eine andere Applikation y den gleichen Namenseintrag (mit den gleichen ACLs etc.) verwenden, so muß dieser unter dem Verzeichnis /.:/projects/y erneut angelegt werden. Am Anfang ist dadurch zwar der administrative Erfassungsaufwand in DCE etwas höher, dafür ist jedoch später die Administration der Einträge erheblich einfacher (ausführlichere Begründung siehe Abschn. 5.4).

- Die physische Abspeicherung der Namen erfolgt durch Administratoren des DCE-Betriebs. Für die Richtigkeit und sinnvolle Wahl der Namen selbst (und die Wahl der zugeordneten Zugriffsrechte etc.) ist nicht der DCE-Betrieb verantwortlich, sondern ein für x Applikationsverantwortlicher („Datenherr"). Alle Änderungen, die von diesem autorisierten Applikationsverantwortlichen für x an CDS-Namen im Verzeichnis /.:/projects/x gewünscht werden, werden durch den DCE-Betrieb durchgeführt, sofern die Konformität mit dem vorliegenden Konzept gewährleistet ist (z.B. Einhaltung der allgemeinen Namensregelungen). Für jede Applikation, die DCE nutzt, müssen bereits vor der Nutzung die autorisierten Applikationsverantwortlichen schriftlich festgelegt werden.

- Jeder, der DCE administriert, darf die in DCE verwalteten Zugriffsrechte nur den zugeordneten autorisierten Applikationsverantwortlichen mitteilen. Ansonsten sind die Daten (aus Datenschutzgründen und aus Gründen der Vertraulichkeit von Firmendaten) nicht weiterzugeben.

- *Principal-Einträge*
  Principals werden in dem Verzeichnis /.:/sec/principals flach, d.h. ohne weitere Unterverzeichnisse angelegt.

- *Gruppen-Namen*

  - Hier gilt analog das gleiche wie für CDS-Namen, wobei als Verzeichnis einer Applikation mit Namen „x" immer von /.:/sec/groups/x auszugehen ist. Insbesondere sind also (abgesehen von Namen des DCE-Default-Namensraums, wie z.B. *none*) alle von der Applikation x verwendbaren Gruppen unter dem Verzeichnis /.:/sec/groups/x oder einem Unterverzeichnis davon abgelegt, und diese Gruppen dürfen nur von der Applikation x verwendet werden.

  - Alle Gruppen unter dem Verzeichnis /.:/sec/groups/x sind *secondary groups*.

  - Die Gruppe /.:/sec/groups/none ist die erste Gruppe, in der ein Principal Mitglied wird, und sie ist auch die letzte Gruppe, aus der der Principal bezüglich seiner Mitgliedschaft wieder austritt. Anders formuliert, erst wenn der Principal-Eintrag gelöscht wird, wird die Mitgliedschaft in *none* annulliert.

  - *None* ist für alle Principals die *primary group*. Das Entfernen eines Principals aus einer Gruppe in /.:/sec/groups/x führt nie automatisch zum Löschen des Principals.

- Durch die Gruppe /.:/sec/groups/none werden einem Principal keinerlei Zugriffsrechte bezüglich DCE-basierten Applikationen gegeben.

• *Organisationen*

- Die Organisation /.:/sec/org/none ist die erste Organisation, in der ein Principal Mitglied wird. Die letzte Organisationszugehörigkeit, aus der ein Principal gelöscht wird, muß ebenfalls diese Organisation sein.
- Durch die Organisation /.:/sec/org/none erfährt ein Principal keine Einschränkungen bezüglich der Security-Policy. So wird durch die Organisation *none* beispielsweise die Paßwortgültigkeit nicht beschränkt.
- Für den Fall, daß firmenweit geltende Security-Policies gewünscht sind, kann eine weitere Organisation mit Namen /.:/sec/org/all eingerichtet werden, in der zusätzlich zu *none* alle Principals aufgenommen werden. In dem dann vorliegenden Fall mehrerer Organisationszugehörigkeiten (*none* und *all*), wird DCE immer die restriktivsten Regeln anwenden, d.h. im Fall von nur *none* und *all* automatisch die für *all* spezifizierten. (Individuelle Security-Anforderungen für einen Principal, wie etwa die Beschränkung der maximalen Gültigkeit eines Paßworts auf den Austrittstag eines auf Zeit angestellten Mitarbeiters, werden über den Account-Eintrag des Principals gesetzt.)
- Die Anzahl der DCE-Organisationseinträge ist gering zu halten.

3.4 Sicherheitskonzept

DCE wird in der DBF vor allem für die Authentifizierung von Benutzern und Servern sowie deren Autorisierung benutzt. Auf dieser Ebene wurden für die DBF die in den folgenden Abschnitten aufgeführten Aspekte geregelt.

3.4.1 Authentifizierung

Ersterfassung in DCE. Bevor eine DCE-basierte Applikation betrieben werden kann, müssen dem DCE-Betriebsteam einige Angaben gemacht werden (siehe Abschn. 3.5.3.1). Unter anderem müssen die nutzungsberechtigten Principals im Master-Security-Server erfaßt werden. Aufgrund der Menge der Principals (>>1000) ist eine manuelle Ersterfassung nicht nur fehlerträchtig, sondern auch langwierig. Principal-Einträge sollten daher automatisiert ins System eingebracht werden.

Für die dazu nötige elektronische Bereitstellung der Principal-Einträge sind in der DBF die Applikationsverantwortlichen zuständig. Diese müssen sagen, wer ihre Applikation nutzen darf. Für die Zusammenstellung der Principals kann auf die in NT bereits erfaßten Mitarbeiter zurückgegriffen werden, da fast alle Mitarbeiter der DBF in NT einen Account haben und der NT-Account-Name mit dem DCE-Benutzernamen übereinstimmt.

Automatisches Anmelden in DCE. Fast alle Benutzer der DBF melden sich jeden Morgen beim Hochstarten ihres PCs in NT an. Falls eine DCE-Client-Software auf diesem PC installiert ist, ist diese mit der Option „automatic login enabled" konfiguriert. Dadurch wird im Anschluß an das NT-Login intern automatisch der Benutzername und das eingegebene Paßwort an DCE weitergereicht und der Benutzer in DCE angemeldet. Voraussetzung ist lediglich, daß der Benutzer initial sein Paßwort für DCE auf das gleiche wie sein NT-Paßwort setzt. (Das kann in der DBF nur der Benutzer selbst, da nur dieser sein Paßwort kennt.) Aus Sicht des Benutzers heißt dies, er kann nach dem Anmelden in NT die über NT kontrollierten Netzzugriffe ausführen sowie ohne weiteres Login beliebig viele DCE-basierte Applikationen auf seinem Rechner starten.

Paßwortwechsel. Ein gezielter Paßwortwechsel kann manuell über die Windows-95-Option „Systemsteuerung/Kennwörter/Andere Kennwörter/DCE-Kennwort" geändert werden. Windows 95 kann auch so eingestellt werden, daß bei Änderung des Windows-95-Paßworts das von DCE gleichermaßen mitgeändert wird. Sollten dennoch einmal das Windows-95/NT- und das DCE-Paßwort nicht die gleichen sein, so wird der Benutzer von DCE automatisch zur Eingabe eines neuen DCE-Namens und Paßworts aufgefordert.

Direktes Anmelden in DCE. Der Endbenutzer muß sich unabhängig von dem oben beschriebenen automatischen Anmelden jederzeit auch direkt in DCE anmelden können. Hierzu kann er z.B. den Befehl dce_login Benutzername Paßwort in einer DOS-Box ausführen.

3.4.2 Autorisierungsunterstützung

DCE bietet als Autorisierungsunterstützung den ACL-Mechanismus mit Zugriffsrechten und Gruppen an. Eine Applikation kann beispielsweise einen bestimmten Zugriff erlauben, sobald sie überprüfen konnte, daß der aktuelle Benutzer in einer bestimmten Gruppe Mitglied ist. Umgekehrt bedeutet dies jedoch für neu hinzukommende Mitarbeiter, die ebenfalls auf eine DCE-basierte Applikation zugreifen können sollen, daß die Applikationsverantwortlichen sehr genau dokumentiert haben müssen, welche Zugriffsrechte und Gruppenmitgliedschaften zu welchem Dienst in der Applikation berechtigen.

In der DBF entscheidet das Management (typischerweise z.B. ein Zweigstellen-Leiter), welcher seiner neuen Mitarbeiter welche Applikationen mit welchen Diensten nutzen darf. Die Entscheidung über die erforderlichen Zugriffsrechte kann dabei nicht auf der viel zu detaillierten, feingranularen Ebene der von Applikationen genutzten DCE-Rechte basieren. Aus diesem Grund müssen pro Applikation sinnvolle grobgranulare Benutzerklassen definiert werden. Jede Benutzer-

klasse entspricht einer Menge von DCE-Zugriffsrechten und Gruppenmitgliedschaften. Die Abbildung von den Benutzerklassen auf DCE-Rechte ist üblicherweise recht statisch. Sie wird dokumentiert und dem DCE-Betriebsteam mitgeteilt.

Auf diese Art kann das Management das DCE-Betriebsteam informieren, welcher neue Mitarbeiter für welche Applikation welche grobgranularen Rechte erhalten soll. Das Betriebsteam kann die angegebenen Benutzerklassen auf die feingranularen DCE-Rechte abbilden und diese Rechte für den neuen Mitarbeiter im
DCE-System aufnehmen.

DCE-Zugriffsrechte. Bezüglich DCE-Gruppen und Zugriffsrechten wird empfohlen,

- einerseits hinreichend viele Gruppen zu bilden, damit die aus den Gruppen
  abgeleiteten Zugriffsrechte möglichst genau den Bedürfnissen entsprechen und
  auch in Zukunft noch flexibel kombiniert werden können.
- andererseits hinreichend wenig Gruppen zu bilden, damit der Überblick nicht
  verloren geht und der Aufwand bei zukünftigen Programmerweiterungen,
  Fehlersuche wegen mangelnder Rechte etc. möglichst klein bleibt.
- Zugriffsrechte für (menschliche) Endbenutzer von Applikationen möglichst
  nicht aufgrund deren Benutzernamen zu gewähren, sondern immer aufgrund
  von Gruppenmitgliedschaften der Benutzer bzw. der den Gruppen zugeordneten Zugriffsrechte in ACLs. Diese Konvention erleichtert die Administration.
  Beispielsweise können so neue Benutzer mit den gleichen Rechten sehr
  einfach hinzugefügt werden; sie müssen lediglich in eine der Gruppen (anstatt
  in viele ACLs) aufgenommen werden. Von dieser Regelung nicht betroffen
  sind Principals, die keine Endbenutzer von Applikationen sind, also z.B.
  Administratoren (wie etwa cell_admin) oder Applikations-Server.

3.5 Weitere betriebliche Aspekte

Für eine erfolgreiche Einführung von DCE in ein Unternehmen müssen eine Reihe weiterer betrieblicher Aspekte beachtet werden. Hierzu gehören insbesondere:

- Schulung
- der Betrieb des DCE-Systems selbst und
- die organisatorische Einbettung des DCE-Betriebs

Idealerweise sollten diese Aspekte z.B. in Form interner Berichte schriftlich dokumentiert werden, damit getroffene Regelungen für jedermann nachvollziehbar
und vor allem möglichst eindeutig festgelegt sind. Auf diese drei Bereiche soll
hier eingegangen werden.

3.5.1 DCE-Schulung

Um DCE produktiv zu betreiben, müssen Mitarbeiter vielfältiges Wissen aufbauen. Im folgenden werden für die in der DBF beteiligten DCE-Mitarbeitergruppen jeweils die Ausbildungsziele umrissen.

3.5.1.1 Endbenutzer/Systemverwalter in Zweigstellen

DCE wird vom Endbenutzer kaum bemerkt. Der Anmeldevorgang geschieht (bei gleichem Paßwort und Benutzernamen) intern im Hintergrund, und die Zugriffe auf DCE erfolgen lediglich indirekt durch die vom Benutzer verwendeten DCE-basierten Applikationen. Daher ist eine Schulung des Endbenutzers nicht erforderlich.

Allerdings scheint eine kurze Information der Systemverwalter in Zweigstellen (d.h. den „Superusern" vor Ort, dem lokalen Helpdesk) sinnvoll. Eine solche Kurzinformation sollte folgende Themen abdecken:

- Was ist DCE, und wo liegt (in der Form, wie es eingeführt wird) sein Mehrwert?
- Wo ist DCE im lokalen System technisch angesiedelt? Wie sieht die firmenweite Gesamtinfrastruktur grob aus?
- Wer ist der Ansprechpartner bei Problemen? (Helpdesk)
- Welche Aktivitäten können bezüglich DCE *lokal* anfallen? Beispiele hierfür sind Paßwortänderungen und erneutes Login nach Ablauf der Ticketgültigkeit. Letzteres kann z.B. dann passieren, wenn der PC über Nacht angelassen wird, die Gültigkeitsdauer des beim Anmelden in DCE vom Security-Server erhaltenen Tickets aber nur 1 Tag beträgt. Da der Principal seine Identität mittels Tickets nachweist, gilt er nach Ablauf der Ticket-Gültigkeitsdauer als „nicht authentifiziert". Ein erneutes Authentifizieren in DCE wird erforderlich.

3.5.1.2 Zentraler Helpdesk

Treten in den Zweigstellen bei der Nutzung von DCE Probleme auf, so wird in der DBF ein zentraler, firmeninterner Helpdesk angerufen. Im wesentlichen muß dort erkannt werden, daß es sich möglicherweise auch um ein DCE-Problem handelt, das an das Personal des DCE-Betriebs weiterzuleiten ist. Das Erkennen, daß es sich um ein DCE-Problem handelt, ist jedoch im Regelfall nicht einfach. Der Endbenutzer stellt möglicherweise nur fest, daß die Applikation nicht mehr läuft. Es könnte also meist genauso gut ein Applikationsfehler wie ein DCE-Problem vorliegen. Eine Vorgehensweise für den Helpdesk ist daher, bei jedem potentiellen DCE-Problem automatisch das DCE-Expertenteam (in der DBF *Admin+* genannt) einzubeziehen, falls

- das Problem bei einer DCE-basierten Applikation auftrat, und
- der Benutzer, der das Problem hat, ein registrierter DCE-Benutzer ist, und

- das Problem nicht von vornherein als ein anderes, nicht von DCE verursachtes Problem (etwa ein reines Applikationsproblem) interpretiert werden kann.

Im Fall eines potentiellen DCE-Problems werden dem Benutzer zusätzlich eine Reihe von Fragen gestellt, die dem DCE-Admin+-Team helfen, den potentiellen DCE-Fehler weiter einzugrenzen. Hierzu gehören:

- Konnte die Tätigkeit durch den gleichen/andere Benutzer früher schon mal ausgeführt werden? (Dies gibt einen Hinweis darauf, ob es ein Zugriffsrechtsproblem sein könnte.)
- Name der Applikation, in der der Fehler auftrat, und letzte Tätigkeit des Benutzers, die zu dem Fehler führte. (Sollte beispielsweise ein Menü-Punkt ausgewählt werden, der vom Benutzer eine Änderungsberechtigung auf gewissen Daten voraussetzt, so kann geprüft werden, ob der Endbenutzer die dazu nötige Berechtigung überhaupt hat.)
- Gab es während des Logins Probleme, und wann wurde das Paßwort das letzte Mal geändert? (Eventuell ist der Benutzer überhaupt noch nicht in DCE angemeldet oder er glaubt, ein Paßwort erfolgreich geändert zu haben, das de facto jedoch nicht geändert wurde.)

3.5.1.3 *Personal des DCE-Betriebs*

Intensiver geschult werden müssen die folgenden drei Gruppen von Mitarbeitern:

- Admin+-Gruppe (Spezialistengruppe, die die DCE-Produkte technisch in der Tiefe beherrscht, und einen 2nd-Level-Support für den Helpdesk anbietet)
- Admin-Gruppe (Personal, das repetitive Aufgaben beherrscht wie etwa neue Benutzer zu erfassen und Paßwörter zurückzusetzen, und das so die Masse der Aufgaben im Normalbetrieb erledigen kann)
- Entwicklungsberater (eine Gruppe von Leuten, die ein firmeninternes Kompetenzzentrum aufbauen, das Firmen-Mitarbeiter wie z.B. Applikationsentwickler nutzen können, um ihre DCE-Fragen zu diskutieren).

Für alle drei Gruppen sollte in einem Ausbildungsplan auch das erforderliche Qualifikationsprofil der Auszubildenden (z.B. UNIX-Kenntnisse, Fachhochschulabschluß, ...) festgehalten werden.

Admin-Personal.   Der Schulungsaufgabenkatalog für Admin-Personal enthält u.a.:

- *Einführung in DCE*

  - Zweck von DCE
  - prinzipielle Funktion/Aufgabe
  - DCE-Rechnerinfrastruktur in der Firma
  - DCE-Konzept, welche Dokumente wo verfügbar sind, und was sie enthalten

- *Kennenlernen der graphischen und menügesteuerten Administrationstools*

  - z.B. *Cell-Manager* und
  - *SMIT* (siehe Abschn. 5.2)

- *Kennenlernen der Namenskonventionen*

- *Durchführung von Standardaufgaben im Normalbetrieb*

  - Einrichten/Löschen neuer Benutzer und Gruppen
  - Eintragen/Ändern von Zugriffsrechten sowie DCE-Namen/DCE-Organisationen und Security-Policies

Admin+-Personal. Für Admin+-Personal ist zusätzlich eine viel tiefergehende, möglichst breite Palette an DCE-Themen anzusprechen, die insbesondere die zeitgerechte Fehlerbehebung im DCE-System, Systemänderungen und Notfallmaßnahmen umfassen. Zu den Themen gehören z.B.:

- *Verwaltungswerkzeuge wie DCE-Scripts und DCE-Command-line-Interface*

  - Welche Tools gibt es firmenintern bzw. im DCE-Produkt?
  - Was können die jeweiligen Scripts?
  - Wann wird welches Tool angewendet?
  - Wie werden die Tools genutzt?

- *Verwaltung des DCE-Systems*

  - Konfigurieren/Dekonfigurieren einer Zelle
  - Serverkonfigurierung und -booting, Behandlung von Name-/Security-Server-Ausfällen
  - Client-Installation und -konfigurierung (manuell und mit den automatischen Installations- und Verteilprogrammen wie etwa SMS)
  - Installation und Konfiguration von Audit-Servern und Auswertung von Auditing-Information
  - Kennen interner DCE-Dateien/Betriebssystemverzeichnisse unter UNIX und im PC wie z.B.

    - ◆ Was wird wo gespeichert?
    - ◆ Interpretation der Dateien und Dateigrößen (insbesondere von Logging-Dateien)

  - Replikationsmanagement

    - ◆ Was kann repliziert werden und wie?
    - ◆ Wie erkennt man, ob replizierte DCE-Services noch laufen?
    - ◆ Wie stoppt oder startet man replizierte DCE-Services?
    - ◆ Master-/Slave-Umschaltung, Tools zum Umschalten
    - ◆ Handling von Updates während der Master-Slave-Umschaltung
    - ◆ Bedeutung des Excluding
    - ◆ Löschen in inkonsistenten Clearinghouses

♦ Skulking (unmittelbar, verzögert, Konvergenzlevel)

– Auswirkungen bei Auswechseln von Rechnern, Betriebssystemen usw. auf DCE-Komponenten, Unterstützung solcher Wechsel im laufenden produktiven Betrieb

– Release-Management

♦ Was ist zu beachten, wenn ein neuer DCE-Release herauskommt? (Abhängigkeiten von Applikationen und Betriebssystemen, Rollout-Plänen etc.)
♦ Welche Tests sind durchzuführen? auf welchen Rechnern?
♦ Welche Organisationseinheiten sind zur Durchführung des Release-wechsels einzubeziehen?

– Backup-/Restore-Verwaltung

♦ Wann werden Backups gemacht?
♦ Wie können zusätzliche Backups gemacht werden?
♦ Praktisches Training des Restore-Vorgangs
♦ Backup-/Restore unter Zeitdruck und produktiven Rahmenbedingungen

• *vertiefte Benutzer- und Gruppenverwaltung*

– Recovery bei Ticket-/Paßwort-Expiration
– Keytab-files (zentraler Zugriff über dcecp, Schutz unter UNIX)
– Bedeutung von System- und Administrationsgruppen
– Eintragen/Ändern neuer Gruppen
– Welche Gruppenrechte benötigt man für welche Aufgaben?
– Nutzung und Wirkung von Aliasen, ERAs

• *vertiefte Zugriffsrechtsverwaltung*

– Interpretation/Modifikation von ACLs
– Objekt-/Container-ACLs/Vererbung

• *vertiefte Namensraumverwaltung*

– Kennen der Gründe für die gewählten Namenskonventionen
– Bedeutung der Default-DCE-Namen
– Interpretation der Inhalte
– Kenntnis der wichtigsten CDS-Attribute und wie man neue CDS-Attribute definiert

• *Kenntnis über DCE-Informationsquellen*

– Kontaktpersonen für den 3rd-Level-Support bei den Herstellerfirmen der verwendeten DCE-Produkte
– OSF-DCE-Gruppen, WWW-Adressen, Literatur
– Kontaktpersonen in anderen Firmen, die DCE produktiv benutzen
– Art und Umfang bestehender DCE-Wartungsverträge

3.5.2 Der DCE-Betrieb

Für die Organisation des „eigentlichen" Betriebs von DCE ist es wichtig, die Betriebszeiten bzw. die garantierte Systemverfügbarkeit (z.B. 7-Tage-24-Stundenbetrieb, Feiertagsregelungen usw.) festzulegen. Bei DCE hängen die Betriebszeiten von den Betriebszeiten der DCE nutzenden Applikationen ab. Abhängig von den Betriebszeiten kann bestimmt werden, welche Mitarbeiter wann für welche Betriebsaufgaben zur Verfügung stehen müssen, um die Systemverfügbarkeit zu garantieren.

Beispielsweise muß auch sichergestellt werden, daß mehr als nur eine einzige Person (aber weniger als vielleicht fünf) das Paßwort des Zellenverwalters (cell_admin) kennen. Mindestens eine dieser Personen sollte jederzeit erreichbar und außerdem in der Lage sein, DCE-Probleme in der Zelle zu analysieren und zu beheben.

Auch muß z.B. festgelegt werden, wann welche Art von Backups (z.B. Delta- oder Vollbackup) von welchen Daten erstellt werden muß und welche anderen Aufgaben in wiederkehrenden Zyklen routinemäßig überprüft werden sollten (Uhrensynchronität, Audit-Logs, Funktionsfähigkeit zentraler DCE-Server etc.).

Idealerweise wird all dies in einem Betriebshandbuch festgehalten. Das Betriebshandbuch zeigt somit insbesondere auf, wie die konkrete Infrastruktur bezüglich DCE heute aussieht und was der Betreiber von DCE wissen muß, um das DCE-System ordnungsgemäß zu betreiben. Sollte der Betreiber wechseln oder kommen neue Mitarbeiter hinzu, gibt das Betriebshandbuch einen guten Einstieg in den Status Quo des zu betreibenden Systems. In dem Betriebshandbuch sollten auch die wichtigsten Fehlerfälle, ihre Konsequenzen und die Maßnahmen zu ihrer Behebung zusammengestellt werden. Exemplarisch für Phase 1 soll dies anhand der folgenden Liste verdeutlicht werden.

Fehlerfall-Maßnahmen-Katalog. Als Fehlerquelle wird von Hardware-, Software- oder Netzwerkfehlern ausgegangen. Es werden folgende Abkürzungen verwendet:

- *A*   ausgefallene Komponente
- *K*   Konsequenzen
- *M*   Maßnahmen
- *kr*   kritisch

A: Windows-95-PC

> *K: Der Benutzer, dessen PC ausgefallen ist, kann auf diesem PC keine DCE-basierte Applikation mehr ausführen. Alle anderen Benutzer betrifft dies nicht.*
>
> *M: PC muß repariert oder ersetzt werden.*
>
> *kr: nein (betrifft nur 1 Benutzer)*

A: UNIX-Rechner mit DCE-Client für Applikations-Server

> *K: Der für Applikations-Server erforderliche DCE-Dämon ist ausgefallen. Applikationen können auf DCE-Funktionen dieses Rechners nicht mehr zugreifen.*
>
> *M: Rechner muß repariert oder ersetzt werden. Falls der Rechner durch einen anderen Rechner mit einer anderen IP-Adresse oder einem anderen Hostnamen ersetzt wird, muß der alte Host-Name im CDS und Security-Server vor der Neuinstallation des DCE-Clients gelöscht werden.*
>
> *kr: nein für DCE (möglicherweise ja für die Applikation)*

A: Master-CDS-Server

> *K: Verlangsamung des Betriebs, da der Backup-CDS-Server die volle Last trägt. Keine Updates im CDS mehr möglich.*
>
> *M: Einen Backup-CDS-Server administrativ zum Master machen. Fehler sofort beheben und anschließend den ehemaligen Master-CDS-Server wieder starten. Anschließend den Namensraum synchronisieren und vom Backup wieder zum ehemaligen Master zurückschalten.*
>
> *kr: ja*

A: Master-Security-Server

> *K: Verlangsamung des Betriebs, da der Backup-Security-Server die volle Last trägt. Keine Updates im Security-Server mehr möglich (z.B. können keine neuen Benutzer mehr eingetragen oder Paßwörter geändert werden).*
>
> *M: Den Backup-Security-Server administrativ zum Master machen. Fehler sofort beheben und anschließend den ehemaligen Master-Security-Server wieder in Betrieb nehmen. Security-Server synchronisieren und vom Backup wieder zum ehemaligen Master schalten.*
>
> *kr: ja*

A: Backup-CDS-Server

> *K: Verlangsamung des Betriebs, da der Master-CDS-Server die volle Last trägt.*
>
> *M: Fehler am Backup-CDS-Server sofort beheben und diesen wieder in Betrieb nehmen. Synchronisierung der Daten mit Master-Replikaten.*
>
> *kr: nein*

A: Backup-Security-Server

> *K: Verlangsamung des Betriebs, da der Master-Security-Server die volle Last trägt.*
>
> *M: Fehler am Backup-Security-Server sofort beheben und diesen wieder in Betrieb nehmen. Synchronisierung der Daten mit Master-Replikat.*
>
> *kr: nein*

A: GUI-basiertes Administrations-Tool

> *K: Administration nur noch über DCE-Command-line-Interface möglich. Dies ist komplex und erfordert ein hohes DCE-Know-how.*
>
> *M: DCE-Know-how bereits im Vorfeld sicherstellen, so daß die Administration auch über das DCE-Command-line-Interface (dcecp etc.) möglich ist. Ferner im Vorfeld bereits Scripts vorbereiten, die häufig vorkommende „Standard-Verwaltungsaufgaben" zu automatisieren helfen. Eventuell auch das graphische Administrations-Tool doppelt führen.*
>
> *kr: ja*

A: Zeitsynchronisierung (dies ist im hier vorgeschlagenen Konzept keine DCE-Komponente, betrifft DCE jedoch stark)

> *K: Bei Zeitverschiebungen können durch Drift der Systemuhren schwere Störungen auftreten.*
>
> *M: Ausfälle erkennen und innerhalb kürzester Frist beheben.*
>
> *kr: ja*

Anmerkungen

- Durch die Möglichkeit zur Replikation von Servern kann mit DCE eine hohe Ausfalltoleranz und Verfügbarkeit erreicht werden. Ein Ausfall eines einzelnen Elements kann bei Einsatz hinreichender Replikation praktisch nie zum Stillstand einer DCE-Zelle führen. Der Einsatz zusätzlicher Ausfallschutzmechanismen (z.B. IBM's HACMP) scheint bei der DBF nicht nötig.
- Eine Überwachung der in der obigen Liste aufgeführten Elemente ist nötig, damit Ausfälle behoben werden können. Dies gilt insbesondere dann, wenn es insgesamt nur zwei Replikate (einen Master und einen Backup) gibt, denn in diesem Fall würde nach Ausfall des Masters bereits ein zusätzlicher Ausfall des Backup-Elements (Name-, Security-Server) zum Stillstand der DCE-Zelle führen.

3.5.3 Organisatorische Einbettung des DCE-Betriebs

Wie häufig für andere zu betreibende Systeme auch, reicht es in der Regel nicht, eine Betriebsgruppe aufzubauen, die völlig losgelöst von der restlichen Firma einen bestimmten Dienst bereitstellt. Vielmehr muß genau festgelegt (und vor allem mit allen Beteiligten abgesprochen und kommuniziert) werden, wie gewisse betriebliche Abläufe wie etwa Releasewechsel durchgeführt werden sollen und wer für welchen Aspekt zuständig ist. Diese organisatorischen Abläufe, aber auch personelle, sachliche und zeitliche Aspekte der Nutzung des DCE-Systems sollten in einem Organisationshandbuch schriftlich festgehalten werden. Von den in der DBF relevanten Aspekten werden anschließend die folgenden exemplarisch betrachtet:

- Interaktion des DCE-Betriebs mit anderen
- Organisatorische Abläufe
- Personelle Aspekte

3.5.3.1 Interaktion des DCE-Betriebs mit anderen

Interaktion mit Nutzern des Systems. Hier entsteht initial (und ggf. bei einem Release-Wechsel der Client-Software) eine Interaktion mit dem DCE-Betrieb. Der Benutzer soll DCE-basierte Applikationen nutzen. Bezüglich DCE muß er initial zwei Aktivitäten an seinem PC durchführen:

- Installieren der DCE-Client-Software (sofern noch nicht früher geschehen)
- DCE-Paßwort gleich NT-Paßwort setzen

Gut wäre auch, dem Benutzer mitzuteilen, warum er das machen soll, wo also der Nutzen liegt. Bei anvisierten initialen 3000 Nutzern geht dies allerdings nicht mehr, indem jemand vorbeigeht, alles erklärt und dem Benutzer die Installation durchführt. Aus diesem Grund wird bei der DBF wie folgt vorgegangen:

- *Installation*
  Die Verteilung der DCE-Client-Software wird über das Produkt *SMS* durchgeführt. Jedem Benutzer wird elektronisch über das ComNet ein vorbereitetes SMS-Paket mit der DCE-Client-Software gesendet. Der auf jedem PC der DBF bereits installierte Paketmanager von SMS empfängt das Paket und fragt den Benutzer, ob er es installieren möchte. Mit einem einzigen Mausklick des Benutzers (dem O.K. zum automatischen Installieren) wird die DCE-Client-Software installiert und konfiguriert.

- *Benutzerinformation*
  Da der Endbenutzer in der Zweigstelle der DBF in der Regel kein Informatiker ist, wird eine Anleitung geschrieben, wie das DCE-Paßwort gesetzt wird und zusammen mit einer kurzen Erklärung, warum das DCE-Paßwort mit dem NT-Paßwort gleich sein soll und wozu DCE gut ist, per email versendet.

Interaktion mit Applikationsentwicklern. Die Entwicklung und Inbetriebnahme einer DCE-basierten Applikation erfordert, daß gewisse Informationen von Applikationsverantwortlichen zusammengetragen und an das DCE-Betriebsteam weitergeleitet werden. Um dies zu verdeutlichen, sei der Ablauf grob skizziert.

Wenn eine neue DCE-basierte Applikation entwickelt werden soll, muß der DCE-Betrieb gewisse Informationen (Nutzer, Zugriffsrechte usw.) erhalten, um den Applikationsentwicklern die Nutzung von DCE auf der Entwicklungszelle zu ermöglichen. Ist die Applikation schließlich fertig programmiert, so muß sie mit realen Daten in der Integrationszelle getestet werden. Hierzu müssen bereits die späteren „echten" Benutzer und deren Zugriffsrechte von den Applikationsverantwortlichen erfaßt und dem DCE-Betrieb mitgeteilt worden sein. Schließlich kann die Applikation produktiv werden. Spätestens hier müssen die „Datenherren" definiert sein, die berechtigt sind, Änderungen an Zugriffsrechten der Applikation zu veranlassen.

Die Grunddaten, die das DCE-Betriebsteam von den Applikationsentwicklern benötigt, sind somit:

- Applikationsname und Abkürzungswunsch dafür
- Datenherr(en) mit Telefonnummer(n)
- Namen der Principals, die DCE bei dieser Applikation nutzen dürfen
- Namen der in der Applikation verwendeten DCE-Gruppen
- Zuordnung der Principals zu den Gruppen
- DCE-Namen
- Zugriffsrechte der DCE-Namen und DCE-Gruppen

Bei der DBF sind diese Daten in einer Datei (d.h. „elektronisch" und nicht in Papierform) zu liefern. Jeder der obigen Punkte wird dabei in einer oder mehreren Zeilen nach einem fest vorgegebenen Format in die Datei geschrieben. Vor dem Einbringen in DCE müssen die Daten in der Regel noch einmal auf Konsistenz überprüft werden. Durch die Datei wird erreicht, daß die Daten teilweise automatisiert in das DCE-System eingebracht werden können. Dies hat folgende Vorteile:

- Die Fehlerquote wird reduziert, vor allem wenn man die Menge der Daten betrachtet.
- Die Erfassung der Daten kann bei der Aufnahme in die Integrationszelle geprobt und in gleicher Weise in der Produktionszelle erneut erfaßt werden. Ferner können die Daten als zusätzliches Backup archiviert werden.
- Der gesamte Erfassungsvorgang wird beschleunigt.

Ein Teil der Daten (die Ersterfassung) wird durch Applikationsverantwortliche geliefert, ein Teil (Neuerfassungen und Änderungen im Laufe der Zeit) jedoch i.a. durch Linienvorgesetzte (vgl. Abschn. 3.4.2).

Interaktion mit „Mitbetreibern". Der Betrieb von DCE setzt den Betrieb anderer Komponenten (z.B. des Betriebssystems) voraus. Mitunter sind für die anderen Komponenten jedoch andere Betriebsteams verantwortlich. Die genaue Abgrenzung zu diesen Teams bzw. die genaue Arbeitsteilung muß miteinander abgesprochen und anschließend festgelegt werden. Bei der DBF sind insbesondere die folgenden Betriebsteams mit DCE befaßt:

- *UNIX-Team*
  Die DCE-Server laufen auf UNIX-Maschinen. UNIX-Maschinen werden bei der DBF von einer separaten Betriebsgruppe zentral verwaltet. Für die hier erforderlichen Absprachen typisch ist das folgende Beispiel:
  Das UNIX-Team ist verantwortlich für den fehlerfreien UNIX-Betrieb und sollte daher beispielsweise das UNIX-Root-Paßwort nicht dem DCE-Betriebsteam mitteilen müssen. Andererseits erfordert die Installation gewisser DCE-Komponenten unter UNIX die Root-Berechtigung. Ein Teil dieser Probleme läßt sich durch organisatorische Absprachen lösen, ein Teil jedoch auch durch

spezielle UNIX-Accounts. Meldet sich ein Mitarbeiter des DCE-Betriebsteams unter solchen Accounts an, wird ein Login-Script mit priviligierten UNIX-Rechten gestartet. Das Script bietet ein Menü von Aktionen an, deren Ausführungen mit priviligierten UNIX-Rechten stattfindet (z.B. das Starten/Stoppen von DCE-Dämonen, Name- und Security-Servern). Die Durchführung anderer Aktionen ist von diesem Account aus nicht möglich. Ein Ausstieg aus dem Script führt automatisch zum Abmelden des Benutzers.

- *Helpdesk*
  Im Normalfall sieht der Endbenutzer von DCE nichts. Dies ändert sich jedoch im Fehlerfall. Zu solchen Fehlern gehören der Ausfall wichtiger DCE-Komponenten (siehe den oben beschriebenen Fehler-Maßnahmen-Katalog). Es gehören jedoch auch applikatorisch bedingte Fehler dazu, wie etwa das „nicht normale Funktionieren" einer Applikation, z.B. weil ein Benutzer annahm, er hätte die erforderlichen Zugriffsrechte in DCE, diese jedoch tatsächlich nicht (oder nicht mehr) hat. In diesem Fall ruft der Benutzer bei der DBF einen zentralen Helpdesk an. Dieser muß erkennen, daß potentiell ein DCE-Problem die Ursache des Fehlers ist, und das DCE-Expertenteam einschalten. Genau dieses „Einschalten" muß genauer festgelegt werden: Wer ist der hierfür zuständige Ansprechpartner im Helpdesk bzw. im DCE-Betriebsteam? Welche Aufgaben führt der Helpdesk durch, welche das DCE-Betriebsteam? Wie werden die Störungsmeldungen ohne viel Aufwand elektronisch vom Helpdesk an das DCE-Betriebsteam weitergeleitet?

- *DCE-Support und -Betrieb*
  Dieses Team betreibt das DCE-System selbst (die DCE-Zentrale) und stellt den 2nd-Level-Support bei DCE-Problemen. Für den 3rd-Level-Support sollten entsprechende Wartungsverträge mit den Herstellern der verwendeten Produkte abgeschlossen werden. Die Kontaktadressen, Wartungsverträge und die vereinbarten Leistungen sollten dem DCE-Betriebsteam bekannt sein. Speziell zu prüfen ist, ob die vereinbarten Maßnahmen ausreichen, um im Notfall schnell genug reagieren zu können.

3.5.3.2 Organisatorische Abläufe

Neben der gerade geschilderten Abgrenzung und der Aufgabenteilung mit anderen Organisationseinheiten, müssen gewisse Standardabläufe (oft auch *Prozesse* genannt) festgelegt werden, soll der Betrieb später reibungslos ablaufen. Hierzu gehören:

- Wie ist ein Releasewechsel umzusetzen (welche Tests, auf welchen Systemen werden die Tests durchgeführt, wer ist zu informieren? usw.)
- Wie gelangen die DCE-Grunddaten (Mitarbeiternamen, Gruppen- und Zugriffsrechte) von den Zweigstellen-Chefs (die über die Vergabe der Rechte entscheiden) bis zur DCE-Zentrale (die die Daten eingeben sollen)? Möglich-

keiten wären z.B. per Intranet, Email, Brief oder Telefon mit jeweils unterschiedlichem Grad an Sicherheit und Zeitaufwand für die Durchführung.

3.5.3.3 Personelle Aspekte

In diesem Abschnitt sollen einige Anmerkungen zum geschätzten Personalaufwand für den Betrieb von DCE gemacht werden. Bei der DBF wird für Betrieb und Instandhaltung der DCE-Zentrale (DCE-Betrieb, UNIX-Betrieb, Helpdesk, DCE-Beratung für Applikationsentwickler) in der Anfangsphase in der Größenordnung von 3-5 Personen geschätzt. Mit steigender Zahl an Applikationen und Nutzern wird aufgrund der dann höheren Applikationsentwicklerberatung und des höheren Helpdesk-Aufkommens mit einem Personalanstieg von zwei weiteren Mitarbeitern gerechnet. Die Schulungskosten halten sich in Grenzen, da nur wenige Personen (im wesentlichen das Administrationspersonal) geschult werden müssen. Der Endbenutzer „sieht" von DCE fast nichts und braucht daher auch nicht geschult zu werden.

„Fast" spielt darauf an, daß in dem hier vorgeschlagenen Konzept davon ausgegangen wird, daß der Benutzer initial sein NT und DCE-Paßwort angleicht, damit die folgenden Anmeldevorgänge in DCE automatisch stattfinden können. Insofern „sieht" er initial doch etwas von DCE, was allerdings nur wenig „Schulung" erfordert: Er muß mitgeteilt bekommen, wie sein Initialpaßwort lautet und daß er das Paßwort wie auch alle anderen Paßwörter unter Windows 95 über die Systemsteuerung ändern kann.

Im folgenden soll etwas allgemeiner auf den Personalbedarf eingegangen werden. Die angegebenen Zahlen können jedoch allenfalls als erste Größenordnung angesehen werden, aus der sich ableiten läßt, welche Mitarbeiter-Profile zur Administration zur Verfügung stehen sollten und etwa in welcher Gewichtung. Die Anzahl bedeutet insbesondere nicht „Mitarbeiter zu 100% ihrer Arbeitszeit". Eine solche Angabe ließe sich rein aufgrund des DCE-Konzepts auch nicht machen, da der Personalaufwand in erheblichem Maße von Faktoren außerhalb des hier beschriebenen DCE-Konzepts abhängt.

So schwankt der Personalbedarf unter anderem aufgrund

- der Anzahl der DCE-Benutzer (mehr Benutzer führen in der Regel zu häufigeren Änderungen, höherem Aufwand, Fehlerursachen zu finden und zu beheben usw.),
- der Anzahl der Projekte/Applikationen, die DCE nutzen, sowie des DCE-Nutzungsgrads jeder einzelnen Applikation (d.h. des Maßes, mit dem die Applikationen von DCE-Funktionalität Gebrauch machen (wie häufig wird z.B. eine DCE-Autorisierung durchgeführt etc.),
- der Größe der Projekte/Applikationen aus Sicht von DCE (d.h. der Anzahl der Namenseinträge, der applikationsspezifischen Gruppen usw.),
- der durch die Applikationen und Kundenwünsche geforderten Betriebszeiten von DCE (z.B. 7- oder nur 5-Tages-Betrieb, 24-Stunden pro Tag oder nur während Geschäftszeiten? usw.),

- Der Aufwand schwankt typischerweise selbst während des produktiven Betriebs (kurz nach der Einführung ist erfahrungsgemäß ein größerer Aufwand erforderlich als später, wenn die Projekte bereits eine Weile lang betrieben wurden).

Bei dem Personalaufwand ist ferner einzukalkulieren, daß für alle angegebenen Aufgaben zusätzlich jeweils für Vertretung gesorgt sein muß, so daß der Betrieb auch in Urlaubszeiten oder bei Ausfall eines Mitarbeiters wegen Krankheit gewährleistet ist. Idealerweise sollten die Administratoren *interne* Mitarbeiter (d.h. fest angestellte Mitarbeiter) der Firma sein, um den produktiven Betrieb mittel- bis langfristig kostengünstig und effektiv durchführen zu können. Haupteinsatzfeld externer (d.h. auf Zeit für gezielte Aufgaben angestellter) Mitarbeiter wird vielfach vor allem in kurzfristigen Aktivitäten, wie etwa dem Brechen von Spitzen gesehen, daß heißt im Erledigen von Aufgaben, für die intern zur Zeit entweder das Know-how oder die Kapazitäten nicht vorhanden sind.

Phase 1. Folgendes Personal wird für Phase 1 benötigt:

- *In Zweigstellen*
  Kein Personal erforderlich.

- *In der DCE-Zentrale*
  In Synergie für die Verwaltung der produktiven Zelle, Integrationszelle und Entwicklungszelle wird das in Tabelle 3.6 beschriebene Personal benötigt.

Phase 2. Folgender Personalbedarf wird in Phase 2 (für Entwicklungs-, Integrations- und Produktionszelle) erwartet:

- *In Zweigstellen (ohne Software-Streuung/Administrations-Streuung)*
  Kein Personal erforderlich.

- *In Zweigstellen (mit Software-Streuung)*
  Tabelle 3.7 gibt den geschätzten Personalaufwand in diesen Zweigstellen an. In jeder der Zweigstellen mit Software-Streuung laufen DCE-Name- oder Security-Replikate im Read-only-Modus.

- *In Zweigstellen (mit Administrations-Streuung)*
  Tabelle 3.8 gibt den geschätzten Personalaufwand in Zweigstellen an, in denen entweder DCE-Server laufen, deren Einträge lokal verändert werden können, oder aber bei denen lokale Administratoren Einträge in DCE-Servern der DCE-Zentrale verändern können.

- *In der DCE-Zentrale*
  Unverändert, wie in Phase 1.

Tabelle 3.6 Personal DCE-Zentrale (Phase 1)

Anzahl	Hauptaufgabe
1½ - 3	Administration des Systems (inklusive Second-Level-Support), Pflege und Wartung der DCE-Infrastruktur, Erfassung und Pflege von Zugriffsrechten und Benutzer-Einträgen, Paßwortrücksetzungen, Monitoring (Performance-Tuning, Auditing) usw. Ein Administrator muß mindestens die Möglichkeiten der verfügbaren Administrationstools beherrschen sowie die typischen Abläufe und Anfragen (neue Benutzer eintragen, Backups erstellen und wieder einspielen, Serverausfälle beheben usw.) alleine durchführen können.
½ - 2	Helpdesk (je nach Anzahl der Applikationen und Benutzer)
1 - 2	Applikationsspezifische Beratung bezüglich DCE, Pflege/Wartung, Weiterentwicklung der Library zum Zugriff auf DCE über das GSS-API, Abklärungen zur Integration von DCE in zukünftige Systeme

Tabelle 3.7 Personal in Zweigstellen mit Software-Streuung

Anzahl	Hauptaufgabe
<< 1	Ab und zu DCE-Server bzw. Prozesse eines DCE-Administrationstools (z.B. Cell-Manager-Agents) auf Bitte der DCE-Zentrale hoch-/herunterzufahren, sofern dies (etwa aufgrund fehlender Super-User-Rechte) nicht von der DCE-Zentrale aus getan werden kann.

Tabelle 3.8 Personal in Zweigstellen mit Administrations-Streuung

Anzahl	Hauptaufgabe
Analog der Phase 1 für die DCE-Zentrale.	Abhängig vom Grad der lokal zu betreibenden Administrationstätigkeiten wird mehr oder weniger Personalaufwand als in der DCE-Zentrale aus Phase 1 benötigt.

3.6 Zusammenfassung

Der hier beschriebene Einsatz von DCE bietet den folgenden Sicherheitsmehr-wert:

- Authentifizierung (Beweis der Identität eines Benutzers oder einer Serverkom-ponente)
- Autorisierungsunterstützung (Unterstützung der Zugriffskontrolle für Client-Server-Applikationen in heterogenen Rechnernetzen)
- Integritätsschutz

DCE soll (mit Ausnahme der internen Verschlüsselung von Paßwörtern) in dem hier vorgestellten Gesamtansatz in der DBF zunächst nicht zur Verschlüsselung von Daten zwischen Applikationen genutzt werden. (Bevor dies getan wird, muß erst ein Konzept dafür erstellt werden, was, wo, wie verschlüsselt werden soll.) Der Zugriff auf DCE erfolgt bei der DBF über eine selbstgeschriebene Library auf die standardisierte GSS-API-Sicherheitsschnittstelle; der DCE-RPC wird zunächst nicht für Applikationen eingesetzt, da die Kommunikation einheitlich über COR-BA abgewickelt werden soll. Dies hat allerdings nichts mit der (guten) Qualität des DCE-RPCs zu tun.

Für alle DCE-basierten Applikationen wird firmenweit eine einzige produktive DCE-Zelle betrieben. Um die produktive Einführung und den Betrieb dieser Zelle erfolgreich durchführen zu können, wird eine Zweiphasen-Einführung vorgese-hen.

In Phase 1 besteht die Zelle aus einer einzigen DCE-Zentrale und vielen Zweig-stellen (vgl. Abb. 3.2). Die DCE-Zentrale verwaltet alle DCE-Server, d.h. den DCE-Security-Server (benötigt u.a. zur Benutzerauthentifizierung) und den DCE-Name-Server (benötigt unter anderem zum Lokalisieren von Servern und Repli-katen im Rechnernetz). Die Server werden innerhalb der Zentrale repliziert und durch das DCE-System selbst konsistent gehalten. Dadurch erhöhen sich Ausfall-sicherheit und Performance, ohne daß die Administrierbarkeit leidet. Die Zweig-stellen kommen mit minimalem administrativen Aufwand für den Dauerbetrieb aus und werden für Windows-95-, NT-, UNIX- und OS/390-Rechner unterstützt.

Phase 2 baut auf Phase 1 auf (Abb. 3.3). Zusätzlich zur Administration von DCE durch die DCE-Zentrale können eine oder beide der folgenden Maßnahmen je nach Bedarf durchgeführt werden:

- *Software-Streuung*
  Ein Teil der Server-*Software* (namentlich Read-only-Replikate von DCE-Servern) wird außerhalb der DCE-Zentrale in einigen der Zweigstellen installiert und genutzt (z.B., um statistisch gesehen insgesamt die Performance zu erhöhen). Die Konsistenzhaltung der DCE-Replikate wird durch DCE selbst sichergestellt. Die Administration der Replikate erfolgt von der DCE-Zentrale aus.

- *Administrations-Streuung*
  Ein Teil der *Administration* der DCE-Zentrale wird auf die eine oder andere Zweigstelle ausgelagert. So können zum einen DCE-Benutzer, -Namen und -Zugriffsrechte, die in der DCE-Zentrale gespeichert sind, von Zweigstellen aus direkt und eigenverantwortlich verwaltet (modifiziert, gelöscht, ergänzt etc.) werden. In Kombination mit Software-Streuung besteht die Möglichkeit, Teile der DCE-Server in Zweigstellen auszulagern, und deren DCE-Einträge auch dort zu verwalten.

Es ist zu beachten, daß der administrative Aufwand für Phase 2 (u.a. hinsichtlich des notwendigen qualifizierten Personals und der Sicherstellung des Gesamtbetriebs) bei Administrations-Streuung deutlich steigt und daß, wenn überhaupt, mit Phase 2/Administrations-Streuung nur schrittweise begonnen werden sollte.

Phase 2/Software-Streuung erhöht den Verwaltungsaufwand in der DCE-Zentrale wesentlich weniger. Hiermit kann (im kleinen Stil) bei Bedarf sofort begonnen werden.

In dem in diesem Kapitel beschriebenen DCE-Konzept wurden darüber hinaus Angaben über DCE-Produkte gemacht, und es wurde auf einige betriebliche Aspekte eingegangen (z.B. Aufgaben des Administrationspersonals). Die begleitend zu der Erstellung dieses DCE-Konzepts durchgeführten Tests und Variantendiskussionen werden in ihren wesentlichen Ergebnissen in dem nun folgenden Kapitel wiedergegeben.

4 Anhang A: Erfahrungen aus Tests

Das in Kap. 3 beschriebene DCE-Konzept wurde in vielen Tests evaluiert. Ausgehend von einer kurzen Beschreibung der für die Tests verwendeten Hardware und Software (Abschn. 4.1), werden die wichtigsten Testergebnisse beschrieben (Abschn. 4.2) und zusammengefaßt (Abschn. 4.3).

4.1 Testinfrastruktur

Die verwendete Testinfrastruktur ist in Abb. 4.1 wiedergegeben und wird im folgenden kurz präzisiert. Aus DCE-Sicht besteht die Testumgebung aus einer DCE-Zelle mit Namen */.../dce_cell.domain.de*, einem Master-Security- und einem Master-Name-Server (auf dem Rechner *lucky*) sowie einem Backup-Security- und Backup-Name-Server (auf dem Rechner *luke*). Bei den Rechnern lucky und luke in der DCE-Zentrale handelte es sich jeweils um eine IBM RS/6000, Modell 43P, 2GB Platte/64 MB RAM/132MHz Prozessortakt. Auf ihnen lief die IBM DCE Version 2.1 (entspricht DCE OSF-Level 1.1). Bei den Celebris-Rechnern handelte es sich jeweils um das Modell GL5166ST mit 2×2GB/32MB/166MHz. Der Rechner von Dell war das Modell Optiplex mit 534MB/16MB. Auf allen PCs lief DCE von Gradient in Version 2.0. Die NT3.51/Windows-95-Maschine war dualbootable. Zur Administration wurde neben dem Command-line-Interface von DCE auch der *Cell-Manager* von Chisholm Technologies in der Version 1.5.0 eingesetzt und getestet.

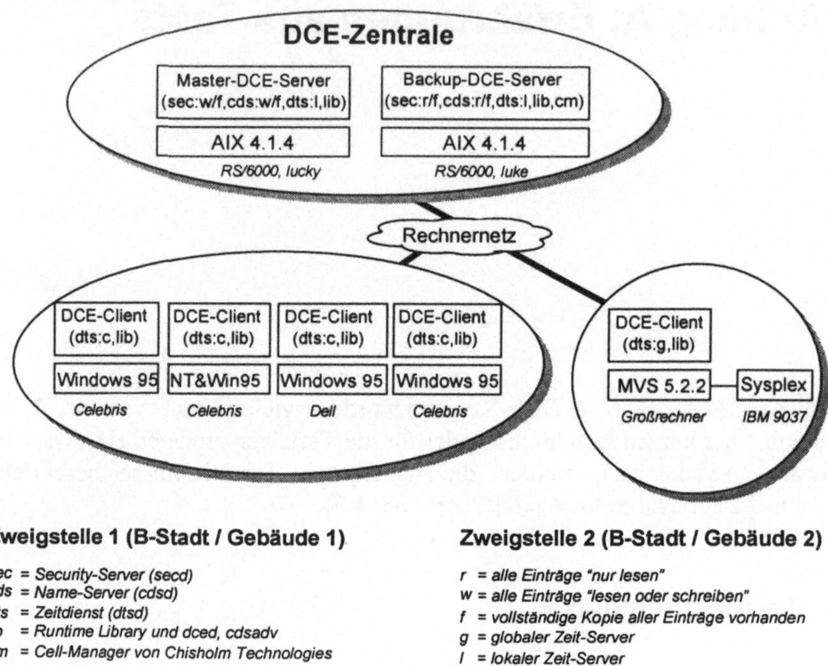

Abb. 4.1 Die verwendete Testinfrastruktur

4.2 Die wichtigsten Testergebnisse

4.2.1 Umschalten zwischen Master- und Backup-Server

Fragestellung. Da der Ausfall von Master-Servern ein kritisches Ereignis ist, sollte der Umschaltvorgang auf Probleme untersucht werden.

Ergebnis.
Name-Server. Beim Ausfall des Master-Name-Servers ist auf der *DCE-Client-Seite* keinerlei Umkonfigurierung erforderlich. Lesezugriffe des Clients werden automatisch an den Backup-Name-Server gestellt. Schreibzugriffe des Clients gehen so lange nicht, bis die Umstellung in der DCE-Zentrale erfolgt ist.

In der Zentrale muß im Backup-Name-Server für *jedes* im Master-Name-Server ausgefallene Verzeichnis-Replikat separat eine Attributsänderung von „read-only" auf „aktualisierbar" erfolgen. Um diesen Vorgang zu vereinfachen, sollte hierzu ein Script geschrieben werden. Bei Verwendung des Cell-Managers von Chisholm Technologies läßt sich dieses umständliche Vorgehen auf wenige „Mausklicks" reduzieren.

Security-Server. Hier gilt das gleiche wie für den Name-Server. Allerdings besteht der Umschaltvorgang in der Zentrale auch mit dem Command-line-Interface nur aus einigen wenigen Befehlen, da beim Security-Server nicht jeder Eintrag einzeln umgeschaltet werden muß. Ferner muß vor dem Umschalten noch einmal explizit sichergestellt werden, daß die Uhren beider Rechner, auf denen die neuen Master- und Backup-Server liegen, synchron sind. (Sind die Uhren nicht synchron, so kann die Umschaltung schiefgehen, und eventuell sogar die Verbindung zum Wurzelverzeichnis /.: verlorengehen.)

4.2.2 Import von NT-Benutzern

Fragestellung. Wie können tausende von Benutzern in DCE automatisiert erfaßt werden?

Ergebnis. Um die Benutzererfassung bei der DBF möglichst einfach zu gestalten, wurde im DCE-Konzept die Gleichheit der DCE- und NT-Benutzernamen vorgesehen. Für den Export der in NT bereits erfaßten Benutzernamen und den Import derselben in DCE läßt sich leicht ein Script schreiben.

Prinzipiell ließen sich auch die Accounts aus anderen Systemen entnehmen. Für UNIX-Accounts kann z.B. das in DCE enthaltene Programm passwd_import verwendet werden. Mit diesem lassen sich UNIX-Accounts und Gruppen aus den UNIX-Systemdateien /etc/passwd und /etc/group direkt in die DCE-Security-Datenbank importieren. Bei diesem Vorgang werden potentielle Namenskonflikte mit bereits in DCE eingetragenen Namen erkannt. Allerdings müssen diese noch manuell behoben werden.

Da in der DBF nahezu jeder Benutzer bereits in NT registriert ist und Account-Namen aus NT aufgrund der Gleichheit mit DCE-Namen auch nicht mehr in gültige DCE-Account-Namen umgewandelt werden müssen, ist bei der DBF der Export aus NT dem aus anderen Security-Systemen vorzuziehen.

4.2.3 Backup/Restore CDS-/Security-Server

Fragestellung. Backup und Restore sind zentrale Mechanismen zur Gewährleistung der Betriebssicherheit. Funktionieren diese Mechanismen für die kritischen DCE-Server (Name- und Security-Server) wie erwartet?

Ergebnis. Backup und Restore funktionieren wie erwartet. Allerdings sind die diesbezüglich im DCE-Handbuch für das Command-line-Interface beschriebenen Abläufe strikt einzuhalten, da andernfalls schnell große Inkonsistenzen (bis hin zur Zerstörung der Zelle) auftreten können. Eine Automatisierung der Abläufe über Scripts ist möglich und wird empfohlen. Neben Scripts für ein gezieltes Backup/Restore des Namensraums und der Security-Datenbank wäre ebenfalls ein Script für ein Backup/Restore der kompletten Maschine, auf denen die Master-(Name/Security-)Server laufen, sinnvoll.

Die Backup-/Restore-Funktionalität sollte bei der DBF nicht über graphische Administrationstools, sondern über UNIX-Scripts automatisiert durchgeführt werden.

4.2.4 Mehrere Zellen gleichzeitig auf einem Rechner

Fragestellung.   Mitunter wäre es sinnvoll, gewisse Rechner bezüglich DCE gleichzeitig z.B. in die Produktions- und in die Integrationszelle einzubinden. Deshalb ergibt sich die Frage, ob DCE es erlaubt, einen Rechner gleichzeitig in mehreren DCE-Zellen zu betreiben?

Ergebnis. Das war für die getestete DCE-Version (unter MVS, AIX und Windows 95) nicht möglich. Bereits die Konfiguration ließ dies nicht zu. Die DCE-Software eines Rechners läßt sich nur für genau eine Zelle konfigurieren. In einem Fall führte sogar der Versuch, eine weitere Zelle zu installieren, zum Zerstören der bereits konfigurierten Zelle. Auch ist es nicht möglich, die DCE-Software zweimal auf den gleichen Rechner aufzuspielen und dort gleichzeitig zum Laufen zu bringen. (In diesem Fall hatte man in der Testumgebung unter anderem zwei DCE-Dämonen, die beide den gleichen TCP/IP-Port (135) jeweils für sich alleine nutzen wollten.)

Für DCE unter Microsoft-NT ist eine derartige Nutzung unter starken Einschränkungen möglich. So war es möglich, auf einem PC Gradient-DCE- und DEC-DCE-Software jeweils in verschiedenen DCE-Zellen zu installieren. Der Rechner kann dadurch zwar immer noch nicht gleichzeitig in beiden Zellen aktiv sein. Nach Herunterfahren des DCE-Dämons und Stoppen des RPC-Services konnte jedoch die jeweils andere DCE-Software aktiviert und betrieben werden.

Schließlich noch eine Bemerkung zu den von Servern verwendeten Ports. Konflikte mit dem Port 135 gab es auch, als auf einem Rechner mit DCE-Dämon ein Lizenz-Dämon eines C++-Compilers installiert werden sollte, der ebenfalls diesen Port nutzte. Der Bereich der für DCE-Server und Applikations-Server verwendbaren Ports kann zwar mit der Umgebungsvariablen RPC_RESTRICTED_PORTS auf einen bestimmten Bereich (z.B. Portnummern 5100 bis 5500) eingeschränkt werden. Dies ist auch dann sinnvoll, wenn andere, nicht-DCE-Applikationen auf dem gleichen Rechner laufen und dabei gewisse Port-Bereiche für sich beanspruchen. Allerdings ist dieses Vorgehen nicht für sog. Well-known-Ports anwendbar.

4.2.5 Administrations-Tools

Fragestellung. Inwieweit ist das graphische DCE-Administrationstool *Cell-Manager* von Chisholm Technologies zur Administration von DCE bei der DBF geeignet? Welche anderen Tools kommen evtl. zur Administration in Frage?

Ergebnis. Folgende Administrationstools für den Betrieb von DCE wurden betrachtet:

- *DCE-Cell-Manager von Chisholm Technologies*
  Der Cell-Manager hat den Verwaltungsaufwand erheblich vereinfacht:

  - Die Funktionalität des Tools ist gut; im Vergleich zum Command-line-Interface im OSF-Level 1.1 fast unerläßlich. Unabhängig vom Komfort bot der Cell-Manager in der Testversion mehr Administrations-Unterstützung (in Form von Features) als das SMIT-Tool oder das DCE-Command-line-Interface. So ist der Cell-Manager intuitiver und graphisch sehr übersichtlich. Zudem ist er einheitlich in der Darstellung und bietet auch kleine, aber wichtige Features wie etwa die Fähigkeit, Manipulationen auf mehrere selektierte Elemente (z.B. CDS-Verzeichnisnamen) anzuwenden. SMIT hingegen erlaubt jeweils nur die Manipulation genau eines Elements.
  - Alle notwendigen Aufgaben können per Mausklick ausgeführt werden (z.B. ACLs manipulieren, Liste von Replikaten verwalten).
  - Der Configuration-Manager des Cell-Manager-Systems eignet sich auch als Monitor für DCE-Server. Hierzu ist es allerdings erforderlich, im vorhinein auf den zu überwachenden Rechnersystemen einen speziellen Dämon des Cell-Manager-Systems zu installieren.

- *Command-line-Interface von DCE (dcecp, cdscp, acl_edit, rgy_edit usw.)*
  Seine Benutzung ist in Anhang B kurz angedeutet. Die Benutzung ist nicht graphisch, sondern zeilenorientiert. Der Administrator muß deshalb für jeden Zweck die richtigen Befehle, die richtigen Optionen, aber vor allem deren genauen (!) Effekte kennen. Dies ist nicht nur mühsam, sondern auch fehlerträchtig. Eine Benutzung erfordert erheblichen Schulungsaufwand für Administratoren.

- *SMIT*
  Bei Verwendung von DCE-Servern auf AIX steht das Standard-IBM-UNIX-Werkzeug *SMIT (System Management Interface Tool)* zur Verfügung. Dieses Tool hat eine graphische Oberfläche und gibt eine gewisse Hilfestellung bei den wichtigsten DCE-Operationen. Mit SMIT muß der Administrator mehr darüber wissen, was er tut, als etwa mit dem Cell-Manager von Chisholm Technologies, aber erheblich weniger als bei Verwendung des Command-line-Interfaces von DCE. Einige Dinge lassen sich über SMIT standardmäßig nicht durchführen. Hierzu gehören z.B.:

- Umkonfigurieren eines Backup-Servers zu einem Master nach Ausfall eines Masters,
- Durchführen eines Restores aus einem Backup,
- Anwenden von DCE-Operationen auf mehr als einen einzigen Eintrag (z.B. *N* Benutzer gleichzeitig als Mitglieder in eine neue Gruppe zu übernehmen oder mehrere Verzeichnisse im Namensraum in einem einzigen Befehl als Read-only-Replikate in einem Clearinghouse zu definieren).

In diesen Fällen müßte dann doch wieder auf andere Administrationstools zurückgegriffen oder SMIT entsprechend erweitert werden.

Nicht näher betrachtet wurden:

* *DCE-Cell-Manager von Santix Software*
Dieses Werkzeug wurde nicht getestet, da allein die Personal-Kosten für einen Test wahrscheinlich genauso viel betragen würden wie eine Lizenz des Cell-Managers von Chisholm Technologies, bei dem keine schwerwiegenden Nachteile gefunden wurden.

* *DCE-Director von DEC*
DEC bietet als Teil ihrer Windows-95/NT-DCE-Client-Software den sogenannten „DCE-Director" an. Mit diesem Werkzeug können ACLs anschaulich interpretiert und verändert werden. Die Möglichkeiten des Werkzeugs wurden im Rahmen der hier durchgeführten Tests jedoch nicht näher untersucht.

4.2.6 Administratorgruppen mit reduzierten Rechten

Fragestellung. Aus Sicht der Administration einer Zelle ist es sicherlich wünschenswert, nicht zu viele verschiedene Administratorgruppen mit jeweils unterschiedlichen Zugriffsrechten einzuführen. Untersucht werden sollte daher, wie eine sinnvolle, sehr reduzierte Anzahl von Gruppen konkret aussehen könnte.

Ergebnis. Beispiele für sinnvolle Gruppen sind:

* client_install
* local_account_admin
* projectx_admin

client_install. Für die Installation von DCE-Clients als „Thin-Clients" (d.h. ohne DCE-Dämon oder CDS-Advertizer) sind keine besonderen Rechte in DCE erforderlich. Für die Installation von DCE-Clients als „Fat-Clients" ist dies jedoch anders. Eine Fat-Client-Installation ist bspw. bei DCE-Clients für Applikations-Server nötig, da hier der DCE-Dämon installiert werden muß. Der DCE-Dämon benötigt bei seiner Installation spezielle Zugriffsrechte im DCE-Master-Servern. So muß er z.B. im DCE-Namensraum im Verzeichnis /.:/hosts (vgl. Abb. 2.4) eintragen, auf welchem Rechner er läuft. Derartige Einträge erfordern entsprechende Zugriffsrechte. Die Gruppe *client_install* wird gerade so definiert, daß sie die zur Installation von DCE-Clients als Fat-Clients minimal erforderlichen Rechte besitzt. Ein Mitarbeiter, der solche DCE-Clients installieren können soll, muß lediglich in die *client_install*-Gruppe aufgenommen werden. Wird die Installation über ein Script automatisiert, kann dieses Script sich zwar als ein Mitarbeiter der *client_install*-Gruppe in DCE anmelden. Hierzu muß jedoch ein entsprechendes Paßwort angegeben werden. Steht dieses unverschlüsselt im Installations-Script, könnten eventuell auch nicht berechtigte Benutzer davon Gebrauch machen. Auch daher sollten die Zugriffsrechte von *client_install* auf das Nötigste beschränkt werden.

local_account_admin. Die Gruppe *local_account_admin* erlaubt auch von geographisch entfernten Rechnern aus, im Master-Security-Server neue Benutzer-Accounts anzulegen. Ein Administrator aus dieser Gruppe kann daher beispielsweise von A-Stadt aus die Benutzer-Accounts aller Benutzer der Zweigstelle aus A-Stadt direkt im Master-Security-Server (der z.B. in B-Stadt läuft) eintragen, modifizieren oder auch wieder löschen (vgl. Phase 2 / Administrations-Streuung).

projectx_admin. Das gleiche läßt sich analog für Namenseinträge einer Applikation mit der Gruppe *projectx_admin* machen. „*projectx*" sei hier ein Platzhalter für den Applikationsnamen. Für die Applikationen mit den Namen *a, b* und *c* gibt es also die DCE-Gruppen *a_admin, b_admin* und *c_admin*. Bei der Namenskonvention in der DBF würden die Rechte der DCE-Gruppen *projectx_admin* derart festgelegt, daß alle Mitglieder dieser Gruppe Namenseinträge in Unterverzeichnissen von */.:/projects/projectx* verwalten (erzeugen, löschen, ändern) können dürfen.

Konkret kann diese Möglichkeit etwa in der Entwicklungszelle sinnvoll sein, damit Entwickler die DCE-Rechte der DCE-Namen der gerade bei ihnen in Entwicklung befindlichen Applikationen selbst (und damit schnell) für Applikationstests während der Entwicklung modifizieren können. Der übrige DCE-Betrieb und die übrige DCE-Verwaltung der Entwicklungszelle kann dabei nach wie vor zentral bleiben.

4.2.7 Uhrentest

Fragestellung. Welche Zeit-Server und -Clients sind zu installieren, um die erwünschte Sychronisierung der Rechneruhren durch den DCE-Zeitdienst zu erzielen? Ist die Installation/Aktivierung von Servern des Zeitdienstes erforderlich, wenn man die Zeit nicht über DCE synchronisieren möchte?

Ergebnis. Getestet wurden verschiedene Konfigurationen von Zeit-Clients, Zeit-Servern und globalen Servern, die zu der im Anhang B beschriebenen Konfiguration führten. Es wurde festgestellt, daß die erlaubte Uhrenungenauigkeit bei +/– 5 Minuten de facto eine scharfe Grenze ist. Der Zeitwert ist zwar theoretisch umkonfigurierbar, praktisch war er es im Test jedoch nicht. (Zumindest sollte der Wert nicht erhöht werden.) Ferner wurden Tests mit verschiedenen DCE-Programmen gemacht, wobei der DCE-Zeitdienst überall deaktiviert war. Die Applikationen liefen fehlerfrei, solange die Rechneruhren die 5-Minuten-Toleranz einhielten. Wie in Kap. 3 dargestellt, kann DCE in der DBF also auch ohne den DCE-Zeitdienst betrieben werden, wenn die Uhren durch andere Uhrensynchronisierungsverfahren auf mindestens +/− 5 Minuten synchronisiert werden.

4.2.8 Last-/Massentest

Fragestellung. Wie läßt sich das DCE-System administrieren, wenn mehrere tausend Namenseinträge und Benutzer vorhanden sind?

Ergebnis. Es wurden mit einem Script 5000 fiktive Benutzer und 8000 fiktive Namenseinträge im DCE-System eingetragen. Anschließend wurden weder auf der DCE-Client-Seite noch in der DCE-Zentrale nennenswerte Verzögerungen festgestellt.

4.2.9 Vergleichstest zwischen Gradient und DEC

Fragestellung. Für Windows-95- und NT-Rechner kann die DCE-Client-Software von der Firma Gradient oder der Firma DEC verwendet werden. Obgleich technisch gesehen prinzipiell ein Teil aller PCs mit dem Produkt von Gradient und ein anderer mit dem Produkt von DEC ausgestattet sein könnte, ist es aus betrieblichen Gründen (z.B. Wartung, Release-Wechsel, Erfahrungsgewinn, insgesamt weniger Bugs, günstigere Kosten wegen höherer Stückzahl) erheblich günstiger, firmenweit nur ein einziges Produkt einzusetzen. Für welches Produkt soll sich die DBF entscheiden?

Ergebnis. Es wurden diverse Testszenarien (Normalfall, Ausfall desjenigen Name-Servers, auf den der Client konfiguriert ist, Ausfall anderer Replikate usw.) über das WAN mit beiden Produkten im direkten Vergleich getestet. Als Produkte wurden Gradient PC-DCE for Windows 95 R/T V1.1/2.03 und DEC for Windows 95 RT V1.0 betrachtet. An DCE-Operationen wurden das GSS-API und DCE-Administrationsoperationen über das Command-line-Interface angewendet (z.B. Login, Inhalt des Clearinghouses der Zentrale vom Client aus anschauen). Es wurden keine nennenswerten Performance-Unterschiede festgestellt.

Ein wichtiger Grund für die Entscheidung zugunsten von Gradient war letztlich, daß Gradient zum Zeitpunkt des Tests das OSF-DCE-Level 1.2.1 (aktuell ist z.Zt. 1.2.2) unterstützte, während DEC noch auf 1.0.3 mit Ergänzungen aus höheren Levels beruhte. (Eine dieser Ergänzungen ist das GSS-API, das ab OSF-Level 1.1 zum DCE-Produktumfang gehört.) Inzwischen hat die Firma DEC hier nachgezogen und bietet ebenfalls Produkte auf der Basis des OSF-Levels 1.2.1 an.

4.2.10 DCE-Anbindung an SAP-Systeme

Fragestellung. DBF setzt das System R/3 der Firma SAP ein. Gibt es eine Möglichkeit, SAP-Systeme mit DCE zu sichern?

Ergebnis. Zur Zeit sind in der DBF keine Möglichkeiten bekannt, SAP mit den Sicherheitsmechanismen von DCE anzubinden. Möglicherweise wird es in Zukunft jedoch solche geben, wie im folgenden kurz begründet werden soll:

Die aktuelle Version des GSS-APIs, die standardisiert und auch von DCE unterstützt wird, ist die Version 1. Bei der Arbeitsgruppe CAT (Common Authentication Technologies) der IETF wird jedoch bereits an einer Erweiterung, der Version 2 des GSS-APIs, gearbeitet (RFC 2078). Es besteht die Hoffnung, daß nach der Standardisierung von Version 2 auch DCE diese unterstützt.

Version 2 würde es (voraussichtlich) auch ermöglichen, SAP-R/3-Systeme über DCE zu sichern. Die Anbindung von R/3-Systemen könnte über die heute bereits existierende SAP-SNC *(Secure Network Communications)*-Schnittstelle erfolgen, die die Kommunikation zwischen R/3-Clients und Servern mittels GSS-API sichert und gleichzeitig ein Single-Login bereitstellt. Die SNC-Schnittstelle existiert bereits heute (ab Version 3.1 des R/3-Systems) und wird zur Zeit mit der aktuellen, noch nicht standardisierten Version 2 des GSS-APIs von zwei Systemen unterstützt: „Kerberos 5" des Massachusetts Institute of Technology (MIT) und „SECUDE" der Gesellschaft für Mathematik und Datenverarbeitung Informationstechnik GmbH.

4.3 Fazit der Tests

- Die Administration von DCE ist durch den Einsatz des Cell-Managers von Chisholm Technologies erheblich einfacher. Dennoch sind für Ausnahmefälle (z.B. Rechneraustausch) fundierte Kenntnisse im DCE-Command-line-Interface erforderlich.

- Für bestimmte wichtige oder häufige Abläufe (wie z.B. Backup/Restore oder Umschalten zwischen Master und Backups) sollten in der DBF Scripts geschrieben werden, die automatisch die dazu nötigen Programme des DCE-Command-line-Interfaces ausführen. Dies senkt die Fehlerträchtigkeit gegenüber einer manuellen Ausführung mit dem Command-line-Interface, reduziert das erforderliche Detail-Know-how (zumindest für einen Teil des Administrationspersonals) und beschleunigt die Administration.

- Bezüglich der DCE-Client-Software auf Windows-95/NT-PCs entschied man sich bei der DBF für das Produkt der Firma Gradient, weil dieses bei gleichen Leistungen wie das Konkurrenzprodukt der Firma DEC zum Zeitpunkt des Tests den Funktionsumfang von DCE vollständiger realisierte.

- Die Skalierbarkeit von DCE (bezüglich Anzahl der Benutzer, DCE-Namen usw.) scheint bei dem hier gewählten Einzellen-Konzept für die DBF in hinreichendem Maße gewährleistet.

5 Anhang B:
Diskussion von Lösungsvarianten

Das DCE-Konzept in Kap. 3 basiert auf ausführlichen Diskussionen und Tests. Die wesentlichen Ergebnisse der Tests wurden im Anhang A wiedergegeben. In Anhang B werden nun die wichtigsten Diskussionen und Alternativen zusammengefaßt:

- Anzahl der Zellen (Abschn. 5.1)
- Administration von DCE (Abschn. 5.2)
- Zeitsynchronisierung mit DCE (Abschn. 5.3)
- Gründe für die in Abschn. 3.3 gewählten Namenskonventionen (Abschn. 5.4)

5.1 Das Zellenkonzept

Jede Ressource (Benutzer, Rechner etc.) ist in DCE eindeutig einer Zelle zugeordnet, und bezüglich DCE ist die Zelle alleine für die Administration und den Schutz der ihr zugeordneten Ressourcen zuständig. Bei einer hohen Zahl zu verwaltender Ressourcen pro Zelle stellt sich daher die Frage,

- ob diese vielen Ressourcen in einer einzigen Zelle noch effizient verwaltet werden können und
- ob das mit der Ressourcenzahl steigende Sicherheitsrisiko noch getragen werden kann. Denn wird der für die Sicherheit einer Zelle (zentral) zuständige Master-Security-Server kompromittiert, so sind alle darin enthaltenen Ressourcen auf einen Schlag nicht mehr geschützt.

Zur Beantwortung dieser Fragen lassen sich generelle Aussagen nur schwer machen. Letztlich muß hier jede Firma ihren eigenen Kompromiß finden. Bei der DBF hat man sich trotz der nicht gerade kleinen Anzahl von über 10.000 potentiellen DCE-Benutzern für ein Einzellen-Konzept entschieden. Die Argumentation hierfür wird in diesem Abschnitt dargelegt.

5.1.1 Sehr viele Zellen

Die DBF hat ca. 20 geographisch verteilte Zweigstellen (vgl. Abschn. 3.1). Ein Ansatz hätte daher sein können, aus jeder Zweigstelle eine DCE-Zelle zu machen. Dies konnte aus den folgenden Gründen jedoch relativ schnell verworfen werden:

- *Zellenautonome Administration zu teuer*
  Die Idee der Gruppierung von Ressourcen in eine Zelle besteht darin, Ressourcen unabhängig von anderen Ressourcen administrieren und schützen zu können. Um in diesem Sinne wirklich autonom zu sein, wäre somit idealerweise pro Zelle mindestens ein DCE-Administrator notwendig. Bei 20 Zellen wären dies jedoch schon 20 Personen und wäre damit allein von den Personalkosten her für die DBF nicht mehr tragbar. Würde man sich dennoch für 20 Zellen entscheiden, dann allenfalls mit nur einigen wenigen Administratoren, die dann jeweils mehrere Zellen zu verwalten hätten.

- *Lizenzkosten*
  Jede Zelle muß minimal einen Security- und einen Name-Server enthalten. Aus Gründen der Ausfallsicherheit ist zusätzlich noch mindestens je ein Backup-Server sinnvoll. Bei 20 Zellen sind dies bereits 80 Server, und jeder Server verursacht nicht nur Verwaltungsaufwand, sondern auch Lizenzkosten. Die Lizenzkosten (zusammen mit den jährlichen Wartungskosten) wären bei 20 Zellen nicht gerade gering.

- *Performance*
  In der DBF werden häufig von allen Zweigstellen aus, die gleichen Applikationen genutzt. Diese Applikationen greifen auf zentrale Datenbanken und Transaktionen zu. Sind Zweigstellen und diese Datenbanken in verschiedenen Zellen (bei 20 Zellen ein häufiger Fall), so muß die Client-Server-Kommunikation oft über Zellengrenzen hinweg erfolgen. Interzellen-Kommunikation ist jedoch zeitaufwendiger als die Kommunikation innerhalb der gleichen Zelle.

- *Paßwort-Verwaltung für Interzellenkommunikation*
  Um beliebige zellenübergreifende Interaktionen zu ermöglichen, müssen je zwei Security-Server aus verschiedenen Zellen (zusätzlich zu ihrem zellenlokalen Paßwort) ein gemeinsames Paßwort verwalten. Bei n Zellen sind insgesamt $\frac{1}{2}n(n-1)$ solcher Paßwörter erforderlich. Bei vier Zellen wären dies zwar nur 6 Paßwörter, bei 20 sind es jedoch schon 190 und bei 80 Zellen bereits 3160, die aufgrund der Wichtigkeit der Paßwörter der Security-Server idealerweise häufiger zu wechseln wären.

Das Konzept sollte deshalb nicht mit vielen, sondern mit einigen wenigen Zellen auskommen. Zwei Varianten boten sich in der DBF besonders an:

- Variante 1: Vierzellen-Architektur
- Variante 2: Einzellen-Architektur

Bevor die Gründe für und gegen eine Einzellen-Architektur angegeben werden, wird zunächst die Wahl der Zahl „vier" motiviert und ein mögliches Design einer Vierzellen-Architektur grob aufgezeigt.

5.1.2 Vier Zellen

Warum vier Zellen? Vier Zellen boten sich in Analogie zu dem in der Firma bereits existierenden Multiple-Master-Domain-Konzept an, das von vier Service-Zentren in A-, B-, C- und D-Stadt administriert wird (Abschn. 3.1). MMDK und DCE unterscheiden sich in der DBF zwar grundlegend darin, daß

- MMDK auf Microsoft-Betriebssysteme beschränkt, DCE hingegen betriebssystemübergreifend einsetzbar ist.
- der Fokus von MMDK auf NT-kontrollierten Netzressourcen (Drucker, Shares usw.) liegt. DCE hingegen möchte einen Zugriffsrechtsmechanismus für Client-Server-Applikationen bereitstellen, der viel feingranularer und flexibler ist.

Dennoch bot sich die Analogie an, da Aufgabe und Zweck von MMDK und DCE recht ähnlich sind. Beide Systeme sollen

- eine zentrale Administration von Ressourcen ermöglichen
- eine nur einmalige Authentifizierung von Benutzern zur anschließenden Nutzung beliebig vieler Ressourcen ermöglichen (Single-Login)
- jeweils einen einheitlichen Benutzer-Account bereitstellen, über den sich ein Benutzer firmenweit von einem beliebigen PC aus (auf dem DCE-Software läuft) im System anmelden kann.

Bei geeigneter Definition und Zuordnung der Zellen sollte es deshalb möglich sein, bei der Wahl von vier Zellen bezüglich der Administration beider Systeme betrieblich relevante Synergie-Effekte zu erzielen. Administratoren benötigen für beide Systeme beispielsweise bezüglich der Administrationsaufgabe eine ähnliche Sensibilisierung, und auch funktionell sind im Grunde ähnliche Dinge zu tun (Benutzer-, Gruppen-, Zugriffsrechts- und Paßwort-Verwaltung, um einige Beispiele zu nennen). Ein Vierzellen-Design könnte etwa wie folgt aussehen.

Verteilung der Principals, Gruppen etc. auf die Zellen. Die zu verwaltenden Ressourcen einschließlich der Benutzer-Accounts werden eindeutig auf vier Zellen aufgeteilt. Um Synergien mit der MMDK-Verwaltung zu erhalten (und auch, weil die dort getroffene Zuordnung den gleichen Zielen gilt) werden die Principals der Zweigstellen analog der Städtezuordnung für die vier Service-Zentren im MMDK zugeordnet (in der Art von Abb. 5.1 nach den Kriterien „geographische Nähe" und „Minimierung der WAN-Belastung"). Für die entstehende zellenübergreifende Nutzung von DCE-Namen sind die berechtigten Benutzer fremder Zellen entsprechend (z.B. als foreign_user) in den ACLs einzutragen. Ab OSF-Level 1.2 können solche Benutzer aus anderen Zellen auch Teil von DCE-Gruppen der lokalen Zelle sein. Um unnötige zellenübergreifende Kommunikation zu vermeiden, sollte die Zuordnung von Ressourcen zu Zellen darüber hinaus derart organisiert werden, daß die wichtigsten Applikationen die am häufigsten benutzten Ressourcen in der lokalen Zelle vorfinden.

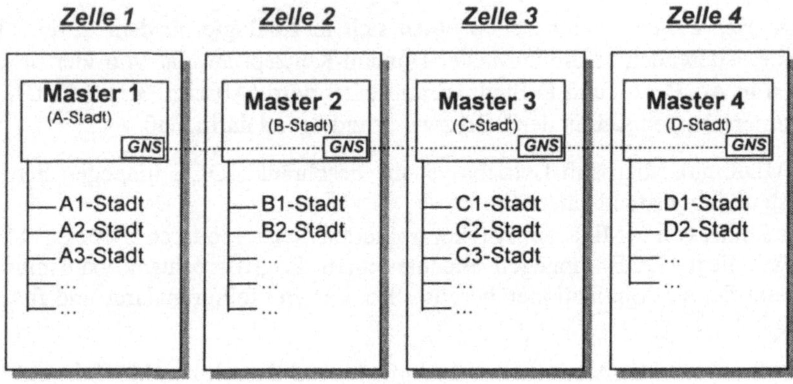

Abb. 5.1 Zellenstruktur in Variante 1

Interner Aufbau einer Zelle. Die Struktur der DCE-Infrastruktur innerhalb der gleichen Zelle könnte weitgehend mit der im Einzellen-Fall (s. Kap. 3) gleich sein. Es müssen jedoch Maßnahmen getroffen werden, die eine Interzellenkommunikation erlauben. Hierzu muß zusätzlich ein Global Name Service (GNS) bereitgestellt werden, der entweder auf dem im Internet weitverbreiteten DNS oder der Postempfehlung X.500 *(Global Directory Service, GDS)* aufbaut. Die Zeitsynchronisierung über das UTC-Broadcast-Signal kann im Mehrzellen-Fall genauso wie im Einzellen-Fall betrieben werden. Würde allerdings die Synchronisierung über den DCE-Zeitdienst organisiert, so wären hier zusätzlich globale Zeit-Server für die zellenübergreifende Zeitsynchronisierung einzusetzen.

5.1.3 Vergleich Vierzellen- mit Einzellen-Architektur

Die Vierzellen-Architektur hat gegenüber der Einzellen-Architektur aus Kap. 3 folgende Vorteile:

* *Skalierbarkeit*
  Da die DCE-Principals auf vier Zellen aufgeteilt werden, sind pro Zelle weniger Principal-Einträge im DCE-System zu verwalten. Dies steigert die Übersichtlichkeit und läßt Raum für zukünftige weitere Einträge. Die Zahl der vom Name-Server zu verwaltenden physischen Namens-Einträge kann

allerdings in beiden Varianten durch das Clearinghouse-Konzept beliebig niedrig und übersichtlich gehalten werden.

- *Sicherheit*
Aus Sicherheitsgründen kann es sinnvoll sein, mehr als eine einzige Zelle zu haben, da jede Zelle ein Sicherheitsgebiet für sich ist. Dies bedeutet, daß im Fall der Kompromittierung des Security-Servers einer der Zellen, zunächst nur alle Ressourcen dieser einen Zelle ungeschützt zugreifbar wären, die Ressourcen aller anderen Zellen aber weiterhin geschützt blieben.

  Ein Saboteur könnte jedoch evtl. in die Rolle eines der Benutzer der kompromittierten Zelle schlüpfen und mit dessen Zugriffsrechten in einer anderen Zelle auf Ressourcen in dieser anderen Zelle zugreifen. Absolute Sicherheit wird in der Praxis faktisch ohnehin nie erreicht werden. Die Frage bleibt, ob überhaupt ein Bedarf für diese Art von erhöhter Sicherheit besteht, wie sie die Vierzellen-Architektur im Gegensatz zur Einzellen-Architektur bieten würde.

- *Synergie-Effekte mit dem MMDK der DBF*
Eine homogene Einbindung mit bestehenden Architekturen, insbesondere MMDK, wäre in der DBF wünschenswert. Dies hat folgende Vorteile:

  - Die Personalinfrastruktur zur Systemverwaltung ist bereits durch die Einführung der vier Service-Zentren im wesentlichen gegeben. Nach einer Aufstockung und Schulung des Personals könnte möglicherweise zusätzlich zum MMDK von dem gleichen Team in den Service-Zentren auch DCE gewartet und gepflegt werden.
  - Die Benutzer-Account-Verwaltung (z.B. bei Aufnahme eines neuen Mitarbeiters in NT und DCE) läßt sich zwischen dem MMDK-Betriebsteam und DCE-Betriebsteam dann einfach direkt miteinander abgleichen.

Für die Einzellen-Architektur sprechen die folgenden Argumente:

- *Einfachheit*
Ein großer Vorteil der Einzellen-Architektur ist die vergleichsweise konzeptionelle und administrative Einfachheit. So benötigt beispielsweise der Namensdienst keinen GNS und der Security-Dienst braucht keine Paßwörter, um die zellenübergreifende Kommunikation zu verwalten.

- *Performance*
Client-Server-Applikationen in der DBF werden typischerweise derart genutzt, daß die gleichen Client-Applikationen in fast allen Zweigstellen auf einigen der dortigen PCs laufen. Die Clients greifen auf Server mit geschäftskritischen Datenbanken zu, die sich nahezu alle in der gleichen Zweigstelle befinden. Bei dieser sternförmigen Architektur impliziert eine Aufteilung der Ressourcen in mehrere verschiedene Zellen einen Interzellen-Kommunikationsaufwand, der letztlich die Gesamtperformance senkt. Eine Einzellen-Architektur unterstützt hingegen derartige Applikations-Kommunikations-Strukturen besser.

- *Paßwort-Wechsel tolerabel*
Selbst wenn die DBF 20.000 Firmenmitarbeiter hätte, die über den Monat gleich verteilt jeden Monat ihr Paßwort einmal ändern würden, so sind dies (bei 20 Arbeitstagen pro Monat) pro Tag nur etwa 1000 Aktualisierungen. Im Einzellen-Fall gibt es zwar nur einen einzigen Master-Security-Server. Für diesen ist diese Menge i.a. jedoch kein Problem.

Fazit. Die konzeptionelle und administrative Einfachheit des Einzellen-Ansatzes überwogen die Vorteile der Vierzellen-Architektur. Aus diesem Grund wurde für die DBF die Einzellen-Variante angestrebt und das in Kap. 3 beschriebene DCE-Konzept entwickelt.

Größter Nachteil der Einzellen-Architektur wurde in der zu verwaltenden höheren Zahl an Benutzern pro Zelle gesehen. Da eigene Tests bei bis zu 5000 Benutzern keine Nachteile erkennen ließen und bei der OSF sogar Zahlen um 50.000 Benutzer pro Zelle genannt wurden ([24], siehe jedoch auch [9]), wird in der DBF bei möglichen 10.000 Nutzern in 1 Zelle kein Problem gesehen.

5.2 DCE-Administrationstools

Im folgenden Abschnitt wird die Administration von DCE mit zwei verschiedenen Administrationstools skizziert. Zunächst mit dem Command-line-Interface von DCE und anschließend mit einem Administrationstool mit graphischer Oberfläche. Ziel dieses Abschnitts ist es, einen Eindruck von der Art der Administrationstätigkeiten mit beiden Tools zu vermitteln.

5.2.1 DCE-Command-line-Interface

Zu den wichtigsten Programmen des Command-line-Interfaces im DCE-Produkt (OSF-Level 1.1) gehören die in Tabelle 5.1 aufgeführten Programme. Nicht aufgeführt sind DCE-Programme zur Verwaltung des verteilten Dateisystems DFS.

Das Vorgehen bei der Anwendung der in den zwei Tabellen genannten Programme besteht für einen Administrator darin, sich z.B. mit „dce_login" (oder herstellabhängig mit einem anderen Login-Programm) unter einem hinreichend berechtigten Benutzernamen in DCE anzumelden und *anschließend* ein oder mehrere Programme aufzurufen. Ein erneutes Anmelden mit dce_login ist erst dann wieder erforderlich, wenn

- der Administrator die Authentifizierung in DCE explizit (*kdestroy*) oder implizit (z.B. durch Stoppen des Security-Servers) aufgibt
- die Lebensdauer des Tickets abläuft (konfigurierbar, aber typischerweise bei 1 Tag)
- ein Anmelden unter einem anderen Benutzernamen mit anderen Rechten notwendig ist.

Tabelle 5.1 Command-line-Interface

Programm	*Aufgabe*
acl_edit	acl_edit erlaubt interaktiv ACLs zu lesen und zu modifizieren.
cdscp	Verwaltet den Namensraum sowie CDS-Clients und -Server (Anlegen / Löschen / Ansehen von Namenseinträgen und Replikaten, Name-Server stoppen usw.).
dce_login	Anmelden in DCE.
dcecp	Bietet für viele Standard-Aufgaben bei der DCE-Verwaltung (z.T. redundant zu anderen Programmen) eine Hilfe an. Dieses Programm läßt sich in UNIX-Scripts integrieren, so daß komplexere Standard-Routine-Aufgaben (z.B. das Erzeugen und wieder Einspielen von Backups) automatisiert werden können. *Es ist wahrscheinlich, daß* acl_edit, rpccp, dtscp *und andere in zukünftigen DCE-Produkt-Releases ganz durch* dcecp *ersetzt werden.* Deshalb sollte beim Schreiben von Administrations-Scripts bereits heute wo immer möglich dcecp den Vorzug gegeben werden.
dtscp	Administration des Zeit-Dienstes. Zum Beispiel kann die Systemzeit mit diesem Programm angepaßt werden.
kdestroy	Mit diesem Befehl können alle gültigen Tickets eines Principals invalidiert werden. Der Benutzer ist anschließend nicht mehr in DCE authentifiziert.
kinit	Mit kinit kann die Gültigkeitsdauer von Tickets durch eine Re-Authentifizierung wieder erneuert werden. kinit fragt das Benutzerpaßwort ab.
klist	Zeigt einem in DCE angemeldeten Benutzer dessen vollen Principal-Namen, seine Privilegien (Gruppenmitgliedschaften,...), seine aktuellen Tickets, deren Gültigkeitsdauer etc. an. Es kann auch z.B. verwendet werden, um zu prüfen, ob ein vorher ausgeführtes dce_login wirklich erfolgreich ausgeführt wurde.
passwd_import passwd_export	Import/Export von UNIX-Principal- und Gruppen-Einträgen in die (bzw. aus der) DCE-Security-Server-Datenbank.
rgy_edit	Verwalten der Security-Datenbank („Registry"), d.h. u.a. löschen / lesen von Principals, Gruppen und Organisationen.
rpccp	Erlaubt das Verwalten (lesen, schreiben, aktualisieren, löschen) von RPC-Attributen von DCE-Namen, die im Namensraum gespeichert sind, sowie das Lesen von Endpunkten. Die Verwaltung von Endpunkten bedarf zwar

Programm	Aufgabe
	weitgehend keiner expliziten Administration. Das Lesen kann jedoch z.B. bei einer Fehlersuche wichtig sein.
sec_admin	Manipulieren der Security-Server-Datenbank (z.B. um ein Master-Security-Replikat zu einem Backup-Replikat zu ändern und umgekehrt).
sec_create_db	Erzeugen der Security-Server-Datenbank.
sec_salvage_db	Führt Konsistenzprüfungen in der Security-Datenbank aus und hilft, Inkonsistenzen zu beheben.

Um einen Eindruck der Nutzungsweise des Command-line-Interfaces zu geben, werden im folgenden drei typische DCE-Administrations-Aufgaben exemplarisch skizziert. („>" sei das von DCE erzeugte Eingabeprompt; hinter „//" bis zum Zeilenende steht ein Kommentar.)

Erfassen eines neuen Benutzers (mit Namen *Meier*)
```
  rgy_edit

  > site lucky                        //Wechsel auf den Rechner lucky, auf dem
                                      //der Master-Security-Server läuft
  > domain principal                  //bewirkt, daß sich die folgenden Befehle
                                      //auf Principals beziehen
  > view Meier                        //um zu prüfen, ob es in DCE einen Benutzer
                                      //mit Namen Meier bereits gibt
  > add Meier                         //Principal eintragen
                                      //(notwendig vor Account Eröffnung)
  > domain account                    //Bezug der folgende Befehle auf Accounts
                                      //festlegen
  > add Meier -g none -o none -pw     //Account einrichten
    PaßwortUser -mp PaßwortAdmin
  > exit
```

DCE-Namen eintragen (im Verzeichnis /.:/projects/proj_a)
```
  cdscp
  > list directory /.:/projects/proj_a/*    //Anzeigen aller Verzeichnisse
                                            //unter proj_a
  > list object    /.:/projects/proj_a/*    //Anzeigen aller Nicht-Verzeichnisse
                                            //(einfache Objekte) unter proj_a
  > create object                           //Namenseintrag erzeugen
    /.:/projects/proj_a/NeuerNameseintrag
  > set directory /.:/projects/proj_a       //Konvergenzlevel einstellen
    CDS_Convergence = medium
  > exit
```

Zugriffsrecht eintragen (Herr Meier soll zugreifen dürfen auf /.:/ projects / proj_a / NeuerNamenseintrag)

```
acl_edit -e                          //Auswahl eines Namenseintrags
/.:/projects/proj_a/NeuerNamenseintrag
 > list                             //aktuelle Zugriffsrechte auf
                                    //Namen anzeigen

 > permissions                      //Liste von für dieses Objekt erlaubten
                                    //Zugriffsrechten anzeigen lassen

 > modify user : Meier : rwdt       //Lese-, Schreibe-, Lösche-, Test-Recht für
                                    //Benutzer Meier zuteilen

 > exit
```

5.2.2 Beispiel eines graphischen Administrationstools

Das Erfassen eines Benutzers mit graphischen Adminstrationstools wie beispielsweise dem Cell-Manager von Chisholm Technologies (vormals *Hal Software Systems*) [5] ist im Vergleich zum Command-line-Interface sehr einfach. Um dies zu verdeutlichen, sei für das gleiche Beispiel wie oben der typische Ablauf zum Erfassen eines neuen Principals mit einem graphischen Administrationstool gezeigt.

Erfassen von Principals. Ohne spezielle Befehle oder Optionen und deren genaue Wirkung zu kennen, wird per Mausklick das zu einer Aktion („neuer Principal erfassen") zugehörige Fenster geöffnet. Es erscheint eine Abfragemaske, die die Eingabe der notwendigen Daten erzwingt (Mußfelder) und darüber hinaus mögliche optionale Eingaben auflistet und dort Eingaben ermöglicht (der Administrator muß diese also nicht auswendig kennen). In der Regel lassen sich bei der Eingabe auch Zusatzinformationen anzeigen. Um das Vorgehen zu verdeutlichen, sei ein typischer Inhalt einer solchen Maske zur Erfassung eines neuen Benutzers (bzw. allgemeiner Principals) in Abb. 5.2 skizziert.

Zunächst kann in einer solchen Maske dem neuen Benutzer ein Systemname (Account) zugeordnet werden. Durch einfaches Klicken auf die Schaltfläche daneben wird automatisch überprüft, ob es diesen Namen im System bereits gibt. In das nächste Feld kann ein initiales Paßwort eingegeben werden, das der Benutzer beim nächsten Anmelden in DCE ändern muß. Das initiale Paßwort kann dabei explizit eingegeben werden, oder es kann ein Zufallswert durch das System generiert werden. Letztere Methode ist aus folgendem Grund als etwas sicherer einzustufen.

Die „Zufälligkeit" vom Administrator erdachter Paßwörter ist typischerweise schlechter als die von einem System automatisch generierten. Je weniger zufällig die Paßwörter sind, je leichter lassen sie sich jedoch in der Regel brechen. Da es für den Administrator oft nicht einfach ist, sich immer wieder neue, „zufällig" konstruierte Paßwörter einfallen zu lassen, und zufällige Paßwörter andererseits für den neu erfaßten Benutzer vergleichsweise schwer zu behalten sind, werden oftmals vom Administrator triviale initiale Paßwörter als Default vergeben (etwa „123456"). Das bietet einem Saboteur jedoch ein vergleichsweise leichtes Spiel, in das System einzudringen. Er muß nur den Namen eines neuen Mitarbeiters kennen oder in Erfahrung bringen. Das Paßwort ist dann keine echte Hürde mehr, und er kann sich im DCE-System anmelden, solange der neue Benutzer dieses Trivialpaßwort noch nicht geändert hat.

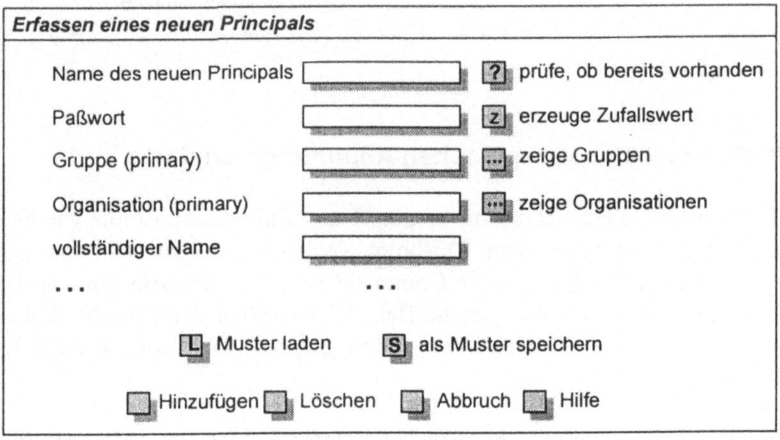

Erfassen eines neuen Principals

Name des neuen Principals   [?] prüfe, ob bereits vorhanden

Paßwort   [z] erzeuge Zufallswert

Gruppe (primary)   [...] zeige Gruppen

Organisation (primary)   [...] zeige Organisationen

vollständiger Name

. . .   . . .

[L] Muster laden   [S] als Muster speichern

[ ] Hinzufügen [ ] Löschen   [ ] Abbruch [ ] Hilfe

Abb. 5.2 Graphisches Administrationstool

Primary Gruppe und Organisation sind Mußfelder, d.h. sie müssen ausgefüllt werden, um einen neuen Benutzer zu erfassen. In der in der Abbildung gezeigten Maske gibt es hier jeweils eine Schaltfläche, mit der bisher erfaßte Gruppen bzw. Organisationen angezeigt werden können. Oftmals läßt sich auch eine Liste oder eine Auswahl aus der vollständigen Liste der Gruppen/Organisationen in einem weiteren Fenster gleichzeitig auf dem Bildschirm permanent anzeigen. Weitere Informationen, wie den vollständigen Namen des Benutzers, sein Arbeitsort usw. komplettieren die Maske zur Benutzererfassung.

Abschließend hat der Administrator die Möglichkeit, die Daten aus der fertig ausgefüllten Maske ins System zu übernehmen (Klicken auf die Schaltfläche „Hinzufügen"), den Vorgang abzubrechen oder die Daten in der Maske komplett zu löschen.

Interessant ist jedoch die Fähigkeit, einen erfaßten Benutzer als „Muster" (Template) zu definieren. Bei der Erfassung weiterer Benutzer kann auf diese Muster zurückgegriffen werden, in dem die Muster-Daten wieder in die Maske hineingeladen werden. Die Einträge brauchen dann oftmals nur noch geringfügig angepaßt zu werden. So könnte beispielsweise die primary Gruppe und Organisation unverändert bleiben und nur der Systemname, der vollständige Name und das initiale Paßwort des Musters müßten auf den neuen Benutzernamen geändert werden.

In der Regel läßt sich mit den gleichen graphischen Administrationstools auch der DCE-Namensraum ähnlich übersichtlich verwalten. Im Cell-Manager von Chisholm Technologies wird beispielsweise der Namensraum in etwa so wie in Abb. 2.4 gezeigt visualisiert. Zu jedem angezeigten Namenseintrag lassen sich (z.B. über die Menüleiste oder durch Klicken auf den Namen) Zusatzinformationen anzeigen. Das Anlegen und Verwalten von Clearinghouses läßt sich so z.B. recht einfach umsetzen.

CDS-Browser. Ein sehr einfaches, im wesentlichen nur zum Visualisieren des DCE-Namensraums benutztes graphisches Tool ist der im DCE-Produkt enthaltene *CDS-Browser*. Er kann auf Rechnern mit OSF/Motif oder kompatibler Graphiksoftware eingesetzt werden. Im CDS-Browser werden jeweils mit verschiedenen Icons Verzeichnisse, einfache Objekte, Softlinks und Clearinghouses unterschieden und in einer Hierarchie durch Einrückung angezeigt. Dabei werden nur die Namenseinträge gezeigt, für die der aktuelle Benutzer die Leseberechtigung besitzt. Darüber hinaus kann der Benutzer ein Filter setzen, um nur einen Teil aller Einträge (z.B. nur die Clearinghouses) zu sehen.

Allgemein gesagt, wird durch graphische Tools die Administration von DCE erheblich vereinfacht. In der DBF wird deshalb anvisiert, u.a. auch ein Administrationstool mit graphischer Oberfläche einzusetzen. Einige der Administratoren müssen jedoch auch das DCE-Command-line-Interface voll beherrschen können. So wird sichergestellt, daß

- keine Abhängigkeit von den Möglichkeiten eines graphischen Administrationstools entsteht. Dies ist insbesondere deswegen wichtig, weil graphische Administrationstools oft nicht alle Möglichkeiten des Command-line-Interfaces abdecken.
- nicht für alle administrativen Abläufe das komplexe Command-line-Interface benutzt werden muß. Vielmehr kann ein Teil des Administrationspersonals mit weniger Know-how aufgebaut werden, indem es z.B. nur ein graphisches Tool beherrscht. Hierüber können etwa die häufig vorkommende Benutzer-Erfassung oder das Zurücksetzen des Paßworts (z.B. weil es vom Benutzer vergessen wurde) bearbeitet werden.
- für wichtige administrative Tätigkeiten Scripts auf der Basis des DCE-Command-line-Interfaces geschrieben und gepflegt werden können, so daß gewisse Abläufe automatisch oder zumindest automatisiert ablaufen (z.B. Erzeugen von Backups).

5.3 Zeitkonzept

Der Zeitdienst stellt viele Komponenten (lokale Server, globale Server, Kuriere, Backup-Kuriere) zur Verfügung und läßt so viel Spielraum zur Konfiguration. Folgende Konfigurationsempfehlungen sollten eingehalten werden:

- *Pro LAN mindestens drei Zeitserver*
  Drei oder mehr Server haben den Vorteil, daß ein Rechner mit einer stark abweichenden Zeit erkannt werden kann. So werden bei zwei in der Toleranz liegenden Zeit-Servern und einem dritten Zeit-Server mit falscher Zeit zwei überlappende und ein nicht überlappendes Zeitintervall entstehen. Die überlappenden Zeitintervalle können als Intervalle mit guten Zeitwerten angesehen werden.
  Bei insgesamt nur zwei Servern pro LAN, wovon einer eine ganz falsche Zeit hätte, würden hingegen zwei nicht überlappende Zeitintervalle entstehen, und es kann vom System nicht entschieden werden, welches Zeitintervall das richtige ist.

- *Insgesamt mindestens einen externen Zeitgeber verwenden*
  Andernfalls könnten sich die Zeit-Server zwar immer noch einheitlich auf eine aktuelle Zeit synchronisieren. Diese Zeit könnte sich allerdings zunehmend von der Absolutzeit der realen Welt entfernen. Durch die Synchronisierung könnten daher die Uhrzeiten aller Rechner kollektiv von der Absolutzeit wegdriften.
  Bezüglich externer Zeitgeber ist weiter zu beachten: Sie sollten nicht an Zeit-Clients angeschlossen werden. Zeit-Clients berücksichtigen bei der Berechnung eines neuen Zeitintervalls ihre lokale Zeit nicht und würden insofern auch die Zeit eines externen Zeitgebers nicht berücksichtigen. Ebenfalls nicht sinnvoll ist die Konfiguration eines lokalen Zeit-Servers, an dem ein externer Zeitgeber angeschlossen ist, als einen Kurier. Der Zeit-Server würde lediglich die Uhr des Zeitgebers abfragen, nicht jedoch die Zeitintervalle anderer Server. Ein wesentlicher Mehrwert von Kurieren liegt jedoch darin, die Zeit anderer LANs durch Erfragen von Zeitintervallen von globalen Servern in Erfahrung zu bringen.
  Als externe Zeitgeber können insbesondere auch die über terrestrischen Funk oder Satellit abgestrahlten sehr genauen UTC-Broadcast-Signale herangezogen werden [26].

- *Pro LAN 1 Kurier und mindestens 1 Backup-Kurier konfigurieren*
  Kuriere (in Zusammenarbeit mit globalen Zeit-Servern) berücksichtigen indirekt die Zeit aus anderen LANs und sind somit wichtig für die LAN-übergreifende Synchronisierung. Fällt der Rechner, auf dem ein Kurier läuft, aus, so sollte es einen Backup-Kurier geben, der die Aufgaben temporär übernehmen kann.

- *Verteilung von DTS-Komponenten*
  Auf den Rechnern, auf denen DCE-Server laufen, sollten anstatt Zeit-Clients
  möglichst DCE-Zeit-Server laufen.
  Externe Zeitgeber sollten bevorzugt an globale Zeit-Server angeschlossen
  werden. Insbesondere, wenn es nur wenige externe Zeitgeber geben soll.

- *Wenige globale Server*
  Insgesamt sollte die Anzahl der globalen Server eher gering gehalten werden.

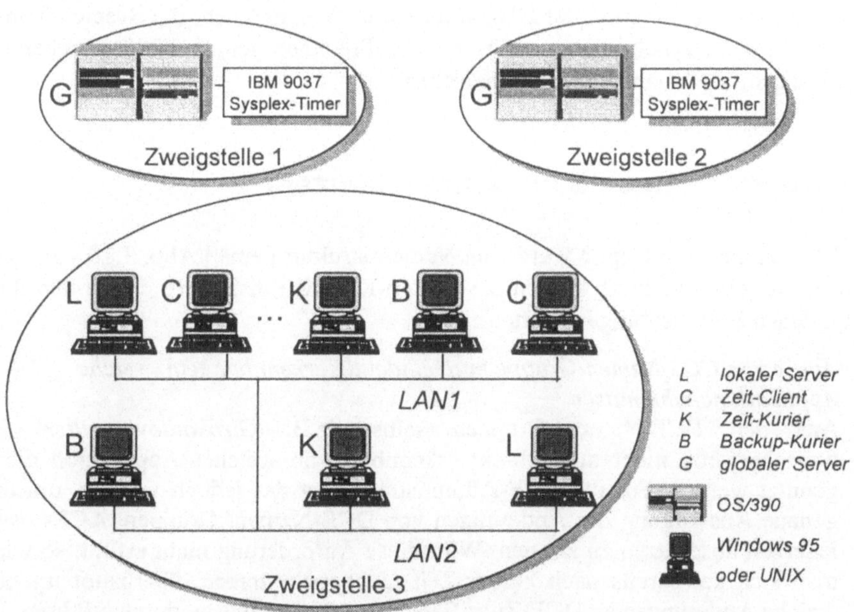

Abb. 5.3 Verteilung der Zeit-Clients und -Server

Für die DBF stand die in Abb. 5.3 gezeigte Architektur zur Diskussion. Pro LAN
sollen insgesamt auf drei Rechnern ein Zeit-Server gestartet werden. Je einer dieser Server sollte als lokaler Server, Kurier bzw. Backup-Kurier konfiguriert werden. Auf allen anderen Rechnern (mit Ausnahme von Großrechnern) werden Zeit-
Clients gestartet; auf OS/390-Rechnern wird je ein globaler Server gestartet.

OS/390-Maschinen sollten jeweils an einen lokalen Sysplex-Timer angeschlossen werden und einen globalen DCE-Zeit-Server verwenden, damit die Sysplex-
Zeit über die Zeit-Kuriere Einfluß auf die DCE-Zeit nimmt. Bei dieser Konfiguration ist die Sysplex-Zeit quasi ein externer Zeitgeber für die DCE-Zeit. Andere
externe Hardware-Uhren als Referenz-Uhren waren zunächst nicht vorgesehen.
Die Sysplex-Uhren der zwei in der Abbildung gezeigten Großrechner sind initial
auf die gleiche Zeit zu setzen. Präventiv sollte eine regelmäßige Kontrolle der

Uhrendifferenzen zwischen allen Sysplex-Uhren, der Uhrzeit im ComNet und der Uhren von jeweils zufällig ausgewählten Rechnern mit DCE-Zeit-Servern durchgeführt werden. Eventuell könnte hierzu auch ein Script geschrieben werden, das bei Überschreiten eines gewissen Schwellwerts der Uhrendifferenzen die Administratoren warnt.

Eine automatische Synchronisierung der Sysplex-Timer wäre zwar wünschenswert, ist jedoch nur innerhalb gewisser Entfernungen möglich. Die genauen Werte der Entfernung hängen von der Art der Verkabelung und anderen Hardware-Parametern ab und können z.B. im Internet über die Homepage von IBM unter dem Stichwort „9037 Distance Limitations" erfragt werden. Bei der gegebenen Infrastruktur-Situation der DBF wurde kein Weg gesehen, die Sysplex-Timer *automatisch* zu synchronisieren, da die Großrechner geographisch gesehen in einer zu großen Distanz voneinander stehen.

5.4 Anmerkungen zum Namenskonzept

Im DCE-Konzept in Kap. 3 wurde die Namensstruktur gemäß Abb. 3.10 vorgegeben. In diesem Abschnitt werden die Design-Kriterien diskutiert, die zu den dort getroffenen Entscheidungen führten.

- *Aus jedem CDS-Namen/Gruppe muß eindeutig erkennbar sein, welche Applikationen ihn nutzen*
  Aus den DCE-Namen/-Gruppen selbst (z.B. *Girokontoverwalter*) ist typischerweise nicht mehr direkt erkennbar, von welcher Applikation diese genutzt werden. Für die DCE-Administration ist das jedoch wichtig, um die genaue Auswirkung der Änderungen von DCE-Namen, Gruppen, ACLs usw. jederzeit abschätzen zu können. Wird diese Anforderung nicht erfüllt, so wird man sich i.a. bereits nach kurzer Zeit nicht mehr trauen, überhaupt irgendwelche Änderungen an DCE-Zugriffsrechten, Gruppen usw. durchzuführen.

  Ein denkbarer Lösungsansatz hierzu könnte etwa darin bestehen, die Erkennbarkeit durch Voranstellung des Applikationsnamens bei der Namensbildung zu erreichen (z.B. *Applikation_A_Girokontoverwalter*, wenn *Girokontoverwalter* eine DCE-Gruppe ist, die durch die Applikation *Applikation_A* genutzt wird). Diese Lösung beeinflußt jedoch die freie Namensgebung seitens der Applikation und ist deshalb zu restriktiv.

  Im DCE-Konzept wurde die Anforderung dadurch erfüllt, daß (für zum DCE-Default-Namensraum hinzukommende neue Namen) für eine Applikation x gefordert wird:

  - alle von der Applikation x verwendeten CDS-Namen sind unter einem x zugeordneten Verzeichnis zu erfassen (/.:/projects/x)
  - alle verwendeten DCE-Gruppen sind unter einem x zugeordneten Verzeichnis zu erfassen (/.:/sec/groups/x)
  - nur die Applikation x hat auf diese Verzeichnisse Zugriff, nicht jedoch eine andere Applikation y.

Konsequenterweise werden daher auch keine übergeordneten DCE-Namen / -Gruppen definiert, die von mehreren oder gar allen Applikationen genutzt werden können. Diese hätten zwar den Vorteil, etwas Speicherplatz in DCE zu sparen und anfangs weniger Administrationsaufwand zu benötigen, da nur an einer Stelle diese Gruppen erfaßt werden müßten. Dagegen spricht jedoch der folgende Aspekt.

- *Der administrative Mehraufwand, allgemein gültige übergeordnete Namen/Gruppen zu haben, kann erheblich werden,*

  - da es viele Gruppen geben könnte, die zunächst „der Vollständigkeit halber" definiert werden müßten (z.B. *a-stadt, b-stadt, c-stadt, organisationseinheit_1, organisationseinheit_2, ...*), die tatsächlich jedoch von keinen Applikationen wirklich benutzt werden.
  - da bereits einmal definierte Gruppen immer aktuell gehalten werden müssen und nicht mehr gelöscht werden dürfen. (Es ist i.a. nach einer gewissen Zeit nicht mehr *sicher*, ob es nicht doch bereits eine Applikation gibt, die diese Namen/Gruppen bereits benutzt). Bei geschäftskritischen Applikationen wäre das Risiko zu löschen, daher oft zu groß;. zumal eine Applikation nicht notwendigerweise bald nach dem Löschen bereits auf den Eintrag zugreifen müßte. Ein potentielles Fehlverhalten der Applikation aufgrund des gelöschten Eintrags könnte sich daher erst viel später bemerkbar machen und so die Fehlersuche zusätzlich erschweren.
  - da die genaue Abklärung der Bedeutung solcher übergeordneter Namen / Gruppen zumindest Aufwand bedeutet. Selbst nach einer solchen Abklärung besteht noch immer die Gefahr, daß die eigentlich festgelegte Bedeutung dieser Namen/Gruppen von Applikationsentwicklern in einer geringfügig anderen Weise aufgefaßt (und verwendet) wird. Unterschiedliche Interpretation von Mitgliedschaften in Gruppen birgt jedoch die Gefahr von Sicherheitslöchern.
  - da sich die Firmen-Organisationsstruktur ändern könnte (z.B. indem „Zweigstellen" als Strukturen wegfallen würden und es nur noch „Regionen" gäbe). In diesem Fall entfällt ggf. die Bedeutung der einen oder anderen Gruppe (etwa „organisationseinheit_2"). Dennoch dürfen diese Gruppen eventuell nicht gelöscht werden, falls nicht klar ist, welche Applikationen diese Gruppen verwenden und deshalb umgeschrieben werden müßten.

- *Administrationsaufwand*
  Der Administrationsaufwand bei der hier vorgeschlagenen Variante wird zwar initial (bei der Ersterfassung) als etwas höher eingeschätzt, auf Dauer aber als geringer.

- *Unabhängigkeit der Applikationen*
  Applikationen müssen die Freiheit haben, die von ihnen verwendeten Namen / Gruppen unabhängig von anderen Applikationen zu verändern.

Ohne diese Freiheit muß jede Änderung der Daten mit Verantwortlichen mehrerer Applikationen abgesprochen werden, was mehr Aufwand bedeutet. Durch die Erfüllung dieser Anforderung wie in Kap. 3 beschrieben, wirken sich Änderungen jedoch jeweils ausschließlich auf eine einzige Applikation aus. Gleichzeitig werden Namenskonflikte vermieden, die entstehen könnten, wenn zwei Applikationen im gleichen Teil des Namensraums den gleichen Namen in unterschiedlicher Bedeutung eingetragen bekommen haben möchten.

- *Die Benutzer-Ersterfassung sollte unabhängig von existierenden DCE-Einträgen sein*
  Durch diese Anforderung kann ein Benutzer erstmal „ohne Rechte" auf Applikationen in DCE erfaßt werden. Hierzu wird er in der DCE-Default-Gruppe *none* aufgenommen. Anschließend können ihm nötige Rechte nach und nach (durch Zuordnung in weiteren Gruppen) gegeben werden.

  Diese Vorgehensweise hat einen weiteren Vorteil. Jeder Principal kann jederzeit wieder aus *allen* DCE-Gruppen einer Applikation entfernt werden; er bleibt aber mindestens in der Gruppe *none* Mitglied. Ohne die Gruppenzugehörigkeit zu einer solchen „zu keiner Applikation gehörenden" Gruppe wie *none* würde der Benutzer-Account automatisch mit Entfernen der letzten Gruppenmitgliedschaft gelöscht.

Literaturverzeichnis

[1]   Ahuja, V. (1996): Network & Internet Security. Academic Press, London, New York, Tokyo

[2]   Barnés and Noble (1997): http://www.barnesandnoble.com

[3]   Computer Literacy Online (1997): http://www.clbooks.com

[4]   Computer Zeitung (1998): Corba wird jetzt sicher. Computer-Zeitung Nr. 14, 2.4.98, S. 7, Konradin-Verlag, Robert Kohlhammer GmbH, D-70765 Leinfelden-Echterdingen

[5]   Frontain, J. (1997): Hal keeps DCE simple with Cell Manager. http://www.osf.org/comm/lit/dce-mag/17_HAL.html

[6]   Horster, P. (1985): Kryptologie. Bibliographisches Institut, Mannheim, Wien, Zürich, Reihe Informatik, Band 47

[7]   Internet Bookshop (1997): http://www.bookshop.co.uk

[8]   Kaufman, C., Perlman, R., Speciner, M. (1995): Network Security. Prentice Hall, London, Sydney, Toronto, ISBN 0-13-061 466-1

[9]   Mauney, J. (1997): DCE Frequently Asked Questions. http://www.opengroup.org/tech/dce/info/faq-mauney.html

[10]   Menezes, A.J., van Oorschot, P.C., Vanstone, S.A. (1997): Handbook of Applied Cryptography. CRC Press series on discrete mathematics and its applications, Boca Raton, New York, London, Tokyo, ISBN 0-8493-8523-7

[11]   Open Management Group (1997): http://www.omg.org

[12]   Open Software Foundation (1995): Application Environment Specification (AES) Distributed Computing. Version V1.1, Prentice Hall, London, Sydney, Toronto

[13]   Open Software Foundation (1995): Introduction to OSF DCE. Version V1.1, Prentice Hall, London, Sydney, Toronto

[14]   Open Software Foundation (1995): OSF DCE Administration Guide – Core Components. Version V1.1, Prentice Hall, London, Sydney, Toronto

[15]   Open Software Foundation (1995): OSF DCE Administration Guide –
Introduction. Version V1.1, Prentice Hall, London, Sydney, Toronto

[16]   Open Software Foundation (1995): OSF DCE Application Development
Guide – Introduction and Style Guide. Version V1.1, Prentice Hall, London, Sydney, Toronto

[17]   Open Software Foundation (1995): OSF DCE Application Development
Guide – Core Components. Version V1.1, Prentice Hall, London, Sydney, Toronto

[18]   Open Software Foundation (1995): OSF DCE Application Development
Guide – Directory Services. Version V1.1, Prentice Hall, London, Sydney, Toronto

[19]   Open Software Foundation (1995): OSF DCE Application Development
Reference. Version V1.1, Prentice Hall, London, Sydney, Toronto

[20]   Open Software Foundation (1995): OSF DCE Command Reference.
Version V1.1, Prentice Hall, London, Sydney, Toronto

[21]   Open Software Foundation (1995): OSF DCE DFS Administration Guide
and Reference. Version V1.1, Prentice Hall, London, Sydney, Toronto

[22]   Open Software Foundation (1995): OSF DCE GDS Administration Guide and Reference. Version V1.1, Prentice Hall, London, Sydney, Toronto

[23]   Open Software Foundation (1997): OSF-DCE-Homepage.
http://www.opengroup.org/tech/dce

[24]   Open Software Foundation (1997): OSF-Level 1.2.
http://www.opengroup.org/tech/dce/rfc/rfc63.3.html

[25]   Pope, A. (1998): The Corba Reference Guide – Understanding the Common Object Request Broker Architecture. Addison-Wesley, Sydney, Bonn, Tokyo

[26]   Rosenberry, W., Fisher, G., Kenney, D. (1992): Understanding DCE.
O'Reilly, Köln, Sebastopol, Tokyo

[27]   Sayegh, A. (1997): CORBA – Standard, Spezifikationen, Entwicklung.
O'Reilly, Köln, Sebastopol, Tokyo

[28]   Schill, A. (1997): DCE – Das OSF Distributed Computing Environment.
Springer-Verlag, Berlin, Heidelberg, New York

[29]   Schneier, B. (1996): Applied Cryptography: Protocols, Algorithms, and
Source Code in C. 2nd Edition, John Wiley & Sons, New York

[30]   Tanenbaum, A.S. (1995): Distributed Operating Systems. Prentice Hall,
London, Sydney, Toronto

[31]   WWW (1998): Component Broker – Object Services.
http://www.software.ibm.com/ad/cb/cbserv.html

Glossar

ACL (Access Control List, Zugriffskontroll-Liste): ordnet Principals Zugriffsrechte auf durch DCE-Namen bezeichnete Objekte (Server, Dienste usw.)
zu. ACLs erlauben so, den Zugriff auf diese Objekte zu schützen. Ein einfaches Beispiel einer Zugriffskontroll-Liste zeigt Abb. 2.10. Auf unterschiedliche Arten von ACLs geht Abschn. 2.3.3.3 ein.

Administrations-Streuung: Für die Einführung von DCE in ein Unternehmen
werden hier zwei Phasen vorgeschlagen. In Phase 1 wird die Verwaltung aller DCE-Server zentral von einer einzigen Stelle aus durchgeführt. In Phase 2 kann die DCE-Software und / oder die Verwaltung von Ressourcen (Benutzern, Gruppen von Benutzern, Servern, Namenseinträgen etc.) dezentral
auf mehrere Standorte verteilt sein. Die Verteilung von DCE-*Software*-
Komponenten (DCE-Name-Server und DCE-Security-Server) wird in diesem Buch *Software-Streuung* genannt, die dezentrale Verwaltung von Ressourcen *Administrations-Streuung*.

Authentifizierung: Vorgang, durch den ein Principal (Benutzer, Server etc.)
seine Identität beweist. In DCE kann die Authentifizierung in beiden
„Richtungen" erfolgen (*gegenseitige Authentifizierung*). Dies bedeutet, daß
beispielsweise ein Benutzer einem Applikations-Server und umgekehrt auch
der Applikations-Server dem Benutzer seine Identität beweisen muß.

Autorisierung: Vorgang der Überprüfung der Zugriffsrechte eines Principals.

CDS (Cell Directory Server, Name-Server): siehe Name-Server.

Clearinghouse: DCE-Namen werden in ein oder mehreren Repositories gespeichert, die *Clearinghouses* genannt werden. Die Verwaltung der Clearinghouses erfolgt durch Name-Server. Siehe auch Name-Server.

Client-Server-Applikation: eine Applikation, die aus mehreren interagierenden
Komponenten besteht. Einige dieser Komponenten (*Server*) bieten „Dienste"

(z.B. realisiert durch Programm-Prozeduren) an, die durch andere Komponenten (*Clients*) benutzt werden können. Um einem Client einen Dienst zu erbringen, kann ein Server temporär durchaus selbst in die Rolle eines Clients schlüpfen und einen Teil des von ihm bereitzustellenden Dienstes durch andere Server erbringen lassen.

CORBA (Common Object Request Broker Architecture): *CORBA* ist eine Middleware, die von der OMG standardisiert wurde. Die *OMG (Open Management Group)* ist ein Konsortium aus weit über 600 Herstellern (mit IBM, DEC, HP und vielen anderen großen Firmen), Anwendern und Forschungseinrichtungen [11]. Durch CORBA wird eine Spezifikation einer Infrastruktur bereitgestellt, durch die objekt-orientiert programmierte Client-Server-Applikationen über mehrere Rechner miteinander interagieren können. Die Interaktion soll dabei möglich sein, unabhängig von der Wahl der Programmiersprache (C++, Smalltalk, ...), der Betriebssysteme (z.B. Windows, Unix, OS/390) oder der Wahl der Hersteller der CORBA-Implementierungen (z.B. „Orbix" von der Firma Iona oder „Component Broker" von IBM). Als Implementierung des in CORBA spezifizierten Sicherheitsdienstes wird DCE z.B. von den Firmen Gradient (für Orbix) und IBM (für den Component Broker) angeboten [4, 31]. Für eine kurze Einführung in CORBA siehe z.B. [27]; für eine ausführlichere etwa [25].

Dämon-Prozeß: Ein *Dämon* ist ein Server-Prozeß, der ständig im Hintergrund läuft. In DCE sind beispielsweise der Security-Server (secd), der Name-Server (cdsd), der Zeit-Server (dtsd) und der DCE-Dämon (dced) solche Dämon-Prozesse.

DCE (Distributed Computing Environment): *DCE* ist eine herstellerneutrale Middleware der OSF [23], die von vielen großen Computerfirmen als Produkt angeboten wird. DCE bietet eine Reihe von Diensten, die die Programmierung von verteilten Anwendungen auf heterogenen Rechnernetzen erleichtert. In diesem Buch wird vor allem auf den zukunftsträchtigen Sicherheitsdienst von DCE eingegangen (siehe auch Vorwort und Kap. 2).

DES (Data Encryption Standard): *DES* ist ein symmetrisches Verschlüsselungsverfahren, das eine 64 Bit Eingabe durch mehrfache schlüsselabhängige Substitution, Exklusiv-Oder-Verknüpfung und Permutation in eine 64 Bit Ausgabe überführt. Der Schlüssel besteht aus 56 Bit. (Meist als 64 Bit Schlüssel dargestellt, wobei jedes 8. Bit als ungerades Paritätsbit verwendet werden kann, aber von DES ignoriert wird.) Das Verfahren kann in verschiedenen Varianten angewendet werden. Eine ausführliche Beschreibung des Verfahrens und seiner Varianten findet sich in vielen Büchern, z.B. [6, 8, 10, 29].

DNS (Distributed Naming Service): ein im Internet häufig benutzter Namens-dienst. In DCE kann ein DNS- oder ein X.500-basierter Namensdienst ver-wendet werden, um andere DCE-Zellen zu lokalisieren. Das Lokalisieren von Zellen ist erforderlich, falls das DCE-System aus mehreren Zellen be-steht und ein Client einen Dienst aus einer anderen Zelle benötigt.

Entwicklungszelle: Die *Entwicklungszelle* bezeichnet in diesem Buch eine DCE-Zelle, die für Entwickler von DCE-basierten Client-Server-Applikationen produktiv betrieben wird. In der Entwicklung befindliche Applikationen können somit auf ein DCE-System zugreifen, ohne daß die Applikations-entwickler hierzu Know-how über Aufbau oder Verwaltung eines DCE-Systems besitzen müssen.

Fat Client: siehe Thin Client.

Gruppe (DCE-Gruppe): Eine *(DCE-)Gruppe* besteht aus ein oder mehreren Principals. Durch den Einsatz von Gruppen müssen Zugriffsrechte nicht se-parat für jeden einzelnen Principal in den Zugriffskontroll-Listen (ACLs) spezifiziert werden. (Dies würde die ACLs sehr lang werden lassen.) Viel-mehr lassen sich in ACLs Zugriffsrechte an Gruppen zuordnen. Die Zugriffs-rechte gelten dann gleichermaßen für jeweils alle zu dieser Gruppe gehören-den Principals. Auch die Vergabe und der Entzug von Zugriffsrechten ver-einfacht sich durch die Möglichkeit zur Gruppenbildung erheblich.

GSS-API (Generic Security Service Application Programming Interface): Das *GSS-API* ist von der Internet Engineering Task Force (IETF) standardi-siert und in den Request For Comments (RFC) 1508 und 1509 spezifiziert. Aus Sicht von DCE liegt der Zweck dieser Schnittstelle vor allem darin, die Security-Mechanismen von DCE ohne Verwendung des DCE-RPCs zugäng-lich zu machen. Das GSS-API wird ab dem OSF-Level 1.1 zusammen mit DCE ausgeliefert, kann aber neben DCE auch für andere Verfahren (wie et-wa SESAME) eingesetzt werden.

IDL (Interface Definition Language): eine Sprache, mit der die in RPCs ver-wendeten Prozeduren und Funktionen bezüglich ihrer Aufrufschnittstelle be-schrieben werden. Diese Beschreibung ist z.B. erforderlich, um automatisch Hilfsprozeduren (Stubs) generieren zu können, die die für einen Benutzer nicht sichtbaren Datenformatskonvertierungen und die Kommunikation zwi-schen Clients und Servern im Rahmen eines Remote Procedure Calls abwik-keln. Die Syntax der IDL ähnelt derjenigen von Prototypen der Program-miersprache ANSI C. Mit „IDL" wird in diesem Buch immer die IDL von DCE gemeint. Es gibt jedoch auch andere (z.B. die IDL von CORBA).

Integrationszelle: Die *Integrationszelle* bezeichnet in diesem Buch eine DCE-Zelle, die von und für DCE-Administrationspersonal betrieben wird. Die Integrationszelle ist weitgehend genauso aufgebaut wie die Produktionszelle und erlaubt so die Überprüfung neuer Software (neuer Applikationen, neuer DCE-Releases usw.), bevor diese in die Produktionszelle übernommen wird.

Kerberos: ein im Projekt Athena am Massachusetts Institute of Technology (MIT) entwickelter Authentifizierungsdienst. Die aktuelle Version 5 von Kerberos bildet die Grundlage für den Authentifizierungsdienst in DCE und (geplant) Windows NT 5.0. Der Name *Kerberos* wurde in Analogie zu einem dreiköpfigen Hund gewählt, der in der Mythologie den Eingang zur Unterwelt bewacht.

LAN (Local Area Network): ein schnelles Rechnernetz (z.B. auf Basis eines Ethernets oder Token Rings), das Rechner in einem geographisch eng begrenzten Gebiet miteinander verbindet.

Middleware: Darunter werden Dienste und Komponenten verstanden, die als Basismechanismen von Client-Server-Applikationen genutzt werden können. Zu solchen Diensten gehören beispielsweise Namensdienste (zum Lokalisieren von Systemkomponenten), Sicherheitsdienste (zur Authentifizierung, Autorisierung, Integritätsschutz, Realisierung von Vertraulichkeit etc.) und Zeitsynchronisierungsdienste. Typische Beispiele für Middleware-Systeme sind DCE und CORBA.

Name-Server (CDS-Server): Die Verwaltung von Namen des DCE-Namensraums erfolgt durch einen oder mehrere *Name-Server*. Jeder Name-Server speichert die durch ihn verwalteten Namen in einer *Clearinghouse* genannten Datenbank. Typischerweise ist jeder Name in mindestens zwei Clearinghouses repliziert gespeichert. Die Konsistenz der Daten wird durch DCE sichergestellt.

Organisation (DCE-Organisation): Eine *Organisation* bezeichnet in DCE eine Menge von Principals, die gewissen gemeinsamen Sicherheitsregeln (z.B. bzgl. dem Paßwortformat) folgen.

OSF (Open Software Foundation): Die *OSF* ist ein internationales Konsortium aus Herstellern, Softwarehäusern, Anwendern aus der Industrie, öffentlichen Institutionen, Forschungszentren und Universitäten. Sie wurde 1988 gegründet und fusionierte 1996 mit dem X/Open-Konsortium zu *The Open Group*.

OSF-Level: Die Protokolle in DCE wurden von der OSF in verschiedenen Versionen standardisiert, die in diesem Buch *OSF-Level* genannt werden. Der Bezug auf OSF-Level ist herstellerunabhängig und vermeidet Verwirrung durch unterschiedliche Versionsnummern für Produkte verschiedener Hersteller, die auf der gleichen DCE-Version aufbauen.

PAC (Privilege Attribute Certificate): eine vom Security-Server erstellte Datenstruktur, die die Privilegienattribute (z.B. Gruppenzugehörigkeiten) eines Principals beschreibt. In diesem Buch werden PACs und sog. *„erweiterte PACs"* (extended PAC, EPAC) nicht unterschieden.

Principal: Jede durch den DCE-Security-Server authentifizierbare Ressource wird in DCE *Principal* genannt. Insbesondere sind Benutzer und Server Principals, aber auch Rechner und Zellen.

Produktionszelle: Die *Produktionszelle* bezeichnet in diesem Buch eine DCE-Zelle, die von produktiv betriebenen, DCE-basierten Client-Server-Applikationen genutzt wird.

Replikat: meint in diesem Buch eine Kopie von Daten (z.B. DCE-Namen) oder Prozessen (z.B. Security-Server), wobei auch das Original als *Replikat* bezeichnet wird.

RPC (Remote Procedure Call): ein Kommunikationsmechanismus für Client-Server-Applikationen. Eine ausführliche Beschreibung ist in Abschn. 2.1.3 gegeben.

Schlüssel: ein Wert (typischerweise eine Folge von Bits, Ziffern oder alphanumerischen Zeichen), mit dem Daten verschlüsselt oder entschlüsselt werden können. Kreditkarten-PINs (Personal Identification Number) oder Paßwörter sind Beispiele für Schlüssel. In diesem Buch werden die Begriffe „geheimer Schlüssel" und „Paßwort" synonym gebraucht.

Security-Server: Der Security-Server ist ein Dämon-Prozeß, der für die Authentifizierung sowie die Verwaltung von Principals, Gruppen, Organisationen und Paßwörtern zuständig ist. Jede DCE-Zelle hat ihren eigenen Security-Server. Zur Erhöhung der Performance und der Ausfallsicherheit kann es von jedem Security-Server mehrere Replikate geben.

Single-Login: Durch die Verwendung mehrerer Produkte auf dem gleichen Rechner, aber auch durch die Vernetzung von Rechnern muß ein Benutzer sich typischerweise an jedem Arbeitstag erneut in mehreren Systemen anmelden (authentifizieren). Durch ein Single-Login-System braucht ein Benutzer sich idealerweise nur noch ein einziges Mal anzumelden; das Single-Login-System nimmt dem Benutzer anschließend alle weiteren Login-Vorgänge ab. DCE besitzt in ähnlichem Sinne Single-Login-Fähigkeiten: Nach erfolgreichem Login in DCE ist der Benutzer ohne weiteres eigenes Zutun intern in jeder anschließend von ihm gestarteten DCE-basierten Applikation authentifiziert.

Software-Streuung: siehe Administrations-Streuung.

Thin Client: Darunter werden hier Client-Rechner verstanden, auf denen vergleichsweise wenig Software installiert ist bzw. auf denen vergleichsweise wenige Prozesse laufen müssen. Ein Beispiel für den ersten Fall ist ein PC, auf dem abgesehen vom Betriebssystem lediglich ein Internet-Browser läuft. Werden Applikationen auf dem PC benötigt, so werden diese über den Browser von einem Server heruntergeladen und genutzt. Im Gegensatz dazu wäre bei einem *Fat-Client* der Code benötigter Applikationen auf dem PC fest zu installieren und zu konfigurieren und erst danach nutzbar. Ein Beispiel für den zweiten Fall ist eine DCE-Client-Konfiguration, die ohne die Dämon-Prozesse dced und cdsadv auskommt.

Ticket: Ein *Ticket* ist eine i.a. nur temporär gültige, verschlüsselte Datenstruktur, die von einer vertrauenswürdigen Instanz (in DCE dem Security-Server) erzeugt wurde, und die es zwei Parteien ermöglicht, sich gegenseitig zu authentifizieren [8].

Zeit-Clients- und -Server: DCE geht davon aus, daß die Uhren aller Rechner, auf denen eine DCE-basierte Applikation läuft, hinreichend synchron sind. Teil von DCE ist daher ein Uhrensynchronisierungsmechanismus, der durch mehrere interagierende Prozesse (Zeit-Server und -Clients) und ggf. externen Zeitgebern realisiert wird. *Zeit-Server* legen dabei die jeweils aktuell gültige Zeit durch eine Art Mehrheitsentscheid auf der Basis der erwarteten möglichen Ungenauigkeiten der verschiedenen Zeitschätzungen fest. *Zeit-Clients* fragen die aktuelle Zeit von Zeit-Servern ab.

Zelle: Aus organisatorischen, administrativen und Sicherheits-Gründen können in DCE Ressourcen (Rechner, Benutzer etc.) zu *(DCE-)Zellen* genannten Einheiten zusammengefaßt werden. Ein DCE-System besteht aus einer oder mehrerer solcher Zellen, wobei jede Zelle mindestens einen DCE-Name-Server und einen DCE-Security-Server enthält. Jede DCE-Zelle ist (weitgehend) unabhängig von anderen DCE-Zellen administrier- und schützbar.

Sachwortverzeichnis

Access Control List *siehe* ACL
Account **39**
ACF (Attribute Configuration File) **23**
ACL (Access Control List) 11, 13, 77, 81, 86, 88–89, 93, 109, 122–23, **133**
– ACL-Manager **51**
– initiale-Objekt-ACL **53**
– initialer-Container-ACL **54**
– Objekt-ACL **53**
acl_edit 51, **121**, 122–23
– list **123**
– modify user **123**
– permissions **123**
ACL-Eintrag
– any_other **48**
– foreign_group **48**
– foreign_other **48**
– foreign_user **48**
– group **47**
– group_obj **48**
– mask_obj **49**
– other_obj **48**
– unauthenticated **49**
– user **47**
– user_obj **48**
ACL-Manager **51**
ADK (Application Development Kit) **72**
Admin+ **90–93**
Administrations-Streuung 78, 101–4, **133**
Administrationstool 102, 109, **120–25**

Advanced Interactive Executive *siehe* AIX
AIX (Advanced Interactive Executive)
American National Standards Institute *siehe* ANSI
American Standard Code for Information Interchange *siehe* ASCII
ANSI (American National Standards Institute) 19, 35
Application Development Kit *siehe* ADK
Application System / Customer Information Control System *siehe* AS/CICS
Application System / Information Management System *siehe* AS/IMS
AS/CICS (Application System / Customer Information Control System) 76
AS/IMS (Application System / Information Management System) 76
ASCII (American Standard Code for Information Interchange)
at-most-once **24**
Attribute Configuration File *siehe* ACF
Auditing 75, 92
Authenticator **43**
Authentifizierung 7, 12–13, 39–45, 87, **133**
Autorisierung **10–14**, 45, 88–89, **133**

Betriebshandbuch **94**
big endian **24**
Binden **22**
– automatisch **23**

– Bindeinformation **21**
– explizit **23**
– implizit **23**
– string binding **21**
biometrisches Verfahren **9**
broadcast **25**
brute-force-Methode **4**, **8**

CA (Certification Authority *auch*
    Certifying Authority) **4**
Cache **32**
Capability List **10**
CAT (Common Authentication
    Technologies) **113**
CDS (Cell Directory Server) **78**, **82**,
    85–86, 109, 128, **133**
– CDS-Clerk **30–35**
– CDS-Client **30**
CDS_Convergence **34**, 122
CDS_LinkTarget **84**
CDS-Browser **125**
cdscp **62**, **121**, 122
– create object **122**
– list directory **122**
– list object **122**
– set directory **122**
Cell Directory Server *siehe* CDS
Cell-Manager **105–7**, 109, 113, 123
Certification Authority *siehe* CA
Challenge-Response-Protokoll **8**, 42
Child Pointer **33**
CICS (Customer Information Control
    System) **76**
Clearinghouse **30–35**, 74, 83, 110, 119,
    133
Client
– Client-Server-Applikation **13**, **15**, 64,
    133
– Fat Client **70**, **135**
– Thin Client **68**, **138**
Command-line-Interface **37**, 62, 96,
    105, 107, 109, 113, **120–23**
Common Authentication Technologies
    siehe CAT
Common Object Request Broker
    Architecture *siehe* CORBA
Condition Variable **17**
Coordinated Universal Time *siehe* UTC
CORBA (Common Object Request
    Broker Architecture) **76**, **134**

Customer Information Control System
    siehe CICS

Dämon **134**
– Audit-Dämon **75**
– DCE-Dämon **31**, **69**, 95, 99, 108
– Lizenz-Dämon **108**
Data Encryption Standard *siehe* DES
DBF (DCE-Beispiel-Firma) **63**
DCE (Distributed Computing
    Environment) **134**
DCE Runtime Library **21**, 68, **72**, 73
dce_login **39**, 88, 120
DCE-Beispiel-Firma *siehe* DBF
dcecp **51**, 62, 75, **121** *siehe auch*
    Command-line-Interface
– audtrail show **75**
– directory synchronize **34**
– dts modify **58**
– dts show **58**
– dts synchronize **60**
– set object **27**
– show object **27**
DEC (Digital Equipment Corporation)
DES (Data Encryption Standard) **3**, 12,
    134
DFS (Distributed File System) **17**
Digital Equipment Corporation *siehe*
    DEC
Disk Operating System *siehe* DOS
Distributed Computing Environment
    siehe DCE
Distributed File System *siehe* DFS
Distributed Time Service *siehe* DTS
DNS (Domain Name Service) **28**, 82,
    84, 118, **135**
Domain Name Service *siehe* DNS
DOS (Disk Operating System)
DTS (Distributed Time Service) **16**,
    55–61, 126
dtscp **121**

EBCDIC (Extended Binary Coded
    Decimal Interchange Code)
Endpoint Map *siehe* Endpunkt
Endpunkt **31**
– Endpoint Map **31**, 69
– statischer **31**
EPAC (Extended Privilege Access
    Certificate) **137**

ERA (Extended Registry Attribute)
Extended Binary Coded Decimal
  Interchange Code *siehe* EBCDIC
Extended Privilege Access Certificate
  siehe EPAC
Extended Registry Attribute *siehe* ERA

GDA (Global Directory Agent) **35**
GDS (Global Directory Service) **118**
Generic Security Service Application
  Programming Interface *siehe* GSS-
  API
Gesellschaft für Mathematik und
  Datenverarbeitung *siehe* GMD
Global Directory Agent *siehe* GDA
Global Directory Service *siehe* GDS
Global Name Service *siehe* GNS
GMD (Gesellschaft für Mathematik und
  Datenverarbeitung)
GNS (Global Name Service) **35**, 118
Graphical User Interface *siehe* GUI
Gruppe 12, 29, **37**, 79, 82, 86–87, 110–
  11, 128–30, **135**
– globale **62**
– none **39**, 86, 122, 130
– primary **39**
– secondary **39**, 86
gss_seal() 26
gss_sign() 26
gss_unseal() 26
gss_verify() 26
GSS-API (Generic Security Service
  Application Programming Interface)
  13, **26**, **135**
GUI (Graphical User Interface) 96

HACMP (High Availability Cluster
  Multi Processing) 96
Hewlett Packard *siehe* HP
High Availability Cluster Multi
  Processing *siehe* HACMP
HP (Hewlett Packard)

IBM (International Business Machines)
IDEA (International Data Encryption
  Algorithm) **3**
idempotente Prozedur **25**
IDL (Interface Definition Language)
  18, 62, **135**
IETF (Internet Engineering Task Force)
  26, 113, 135

IMS (Information Management System)
  76
Information Management System *siehe*
  IMS
Integrität **4–7**
Interface **18**
Interface Definition Language *siehe*
  IDL
International Business Machines *siehe*
  IBM
International Data Encryption
  Algorithm *siehe* IDEA
International Telecommunication Union
  siehe ITU
Internet Engineering Task Force *siehe*
  IETF
Internet Network Information Center
  siehe InterNic
InterNic (Internet Network Information
  Center) 35
Investitionsschutz **77**
ITU (International Telecommunication
  Union)

Join **17**

Kerberos 12, 40, 113, **136**
Key Distribution Center **40**
keytab-file **39**
Kollision **6**
Konvergenzlevel **34**, 122

LAN (Local Area Network) 127, **136**
little endian **24**
Local Area Network *siehe* LAN

Marshalling **23**
Massachusetts Institute of Technology
  siehe MIT
Master-Domain-Modell **64**
maxinaccuracy **60**
may-be **25**
MD5 (Message Digest 5) 12, 26, 43
Memory Leak **71**
Message Digest 5 *siehe* MD5
Message Queue *siehe* MQ
Middleware **136**
minservers **58**
MIT (Massachusetts Institute of
  Technology)

MMDK (Multiple-Master-Domain-
   Konzept) **63**, 82, 119
MQ (Message Queue)
Multiple Virtual Storage/Enterprise
   Systems Architecture *siehe*
   MVS/ESA
Multiple-Master-Domain-Konzept *siehe*
   MMDK
Mutual Exclusion 17
MVS/ESA (Multiple Virtual
   Storage/Enterprise Systems
   Architecture)

Name 27
Name Service Interface *siehe* NSI
Namensdienst **16**, 27–35 *siehe auch*
   CDS
Name-Server 29, 30, 67–68, 74, 75,
   106, **136**
New Technology *siehe* Windows NT
NSI (Name Service Interface) 30
NT *siehe* Windows NT
Nutzungsprofil *siehe* Policy

OMG (Open Management Group) **134**
One-Time Pad **6**
One-Time-Paßwort **9**
Open Management Group *siehe* OMG
Open Software Foundation *siehe* OSF
Operating System/390 *siehe* OS/390
Organisation **38**, 39, 87, **136**
– none **39**, 87, 122
– primary **39**
OS/390 (Operating System/390)
OSF (Open Software Foundation) **15**,
   73, **136**
– OSF-Level **136**
– OSF-Level-1.2 **62**

Paßwort *siehe* Schlüssel
PAC (Privilege Access Certificate) 45,
   137
passwd_import **107**
PC (Personal Computer)
Phase 1 **66**, 75, 78, 101, 103
Phase 2 **66**–68, 78–82, 101–4
Pointer
– ptr-Pointer **20**
– ref-Pointer **19**
– unique-Pointer **20**

Policy **38**, 87
Port 31
Port-135 **33**
Principal 10, 29, **37**, 82, 86–87, 122,
   133, **137**
Privilege Access Certificate *siehe* PAC
Program Temporary Fix *siehe* PTF
PTF (Program Temporary Fix)
Public-Key-Verfahren **3**, 62

R/3 113
RACF (Resource Access Control
   Facility)
Remote Procedure Call *siehe* RPC
Replikat **137**
Replikation 33, 36, 67
Request For Comments *siehe* RFC
Resource Access Control Facility *siehe*
   RACF
RFC (Request For Comments)
– RFC-1508/1509 **26**, 135
– RFC-2078 **113**
rgy_edit **121**, 122
– add **122**
– domain **122**
– site **122**
– view **122**
Risc System/6000 *siehe* RS/6000
Rivest Shamir Adleman Algorithm
   siehe RSA
RPC (Remote Procedure Call) 13, 16,
   108, **137**
– asynchron **17**
– synchron **17**
rpc_binding_set_auth_info() **25**
rpc_c_protect_level_call **26**
rpc_c_protect_level_connect **25**
rpc_c_protect_level_pkt **26**
rpc_c_protect_level_pkt_integ **26**
rpc_c_protect_level_pkt_privacy **26**
rpc_c_protocol_level_none **25**
RPC_DEFAULT_ENTRY **23**
RPC_RESTRICTED_PORTS **108**
rpccp 62, **121**
RS/6000 (Risc System/6000)
RSA (Rivest Shamir Adleman
   Algorithm) **3**

SAP (Systeme, Anwendungen,
   Produkte) 113

Schlüssel 2–12, 38–51, 87–89, 120,
  137
– Private Key 3
– Public Key 3
– Secret Key 3
sec_admin 122
sec_create_db 122
Secret-Key-Verfahren 3
SECUDE 113
Secure European System for
  Applications in a Multivendor
  Environment *siehe* SESAME
Secure Hash Algorithm *siehe* SHA
Secure Network Communications *siehe*
  SNC
Security-Server 29, **36–53**, 62, 67–74,
  75–76, 80, 107, 122, **137**
Service Tickets 41
SESAME (Secure European System for
  Applications in a Multivendor
  Environment) 26, 135
SHA (Secure Hash Algorithm) 7
Share 64
Single-Domain-Modell 64
Single-Login 13, 117, **137**
Skalierbarkeit 62
Skulk-Operation 34
SMIT (System Management Interface
  Tool) 109
SMS (Systems Management Server) 69,
  92, **97**
SNC (Secure Network
  Communications) 113
Softlink 84
Software-Streuung 78, 101–4, **137**
Stub 20
syncinterval 60
System Management Interface Tool
  siehe SMIT
Systems Management Server *siehe*
  SMS

TCP/IP (Transmission Control Protocol
  / Internet Protocol) 70, 73, 108
TGT (Ticket Granting Ticket) 41
The Open Group *siehe* TOG
Thread 17
Ticket 38, **41**, 46, 90, 120, **138**
Ticket Granting Ticket *siehe* TGT
Time Provider 57
TOG (The Open Group) **15**

Transmission Control Protocol / Internet
  Protocol *siehe* TCP/IP
Triple-DES 5

UDP (User Datagram Protocol) 70
Universal Unique Identifier *siehe* UUID
User Datagram Protocol *siehe* UDP
UTC (Coordinated Universal Time)
  118, 126
UUID (Universal Unique Identifier) 19,
  44, 59
uuidgen 19

Vererbung 51–55
Verschlüsselungsverfahren
– asymmetrisches 2
– symmetrisches 2
Vertraulichkeit 2, 11, 86

WAN (Wide Area Network)
Wide Area Network *siehe* WAN
Windows NT (Windows New
  Technology)
World Wide Web *siehe* WWW
WWW (World Wide Web) 93

X.500 28, 84, 118
X/Open 15
X/Open Directory Service *siehe* XDS
XDS (X/Open Directory Service) 30

Zeit-Clerk 59
Zeit-Client 59
Zeit-Server 111, 127, **138**
– Backup-Kurier 59
– globaler 58
– Kurier 58
– lokaler 57
Zelle 18, 35, 64–68, 79, 81, 94, 103,
  107–10, 115–20, **138**
– Entwicklungszelle **65**, 84, **135**
– Integrationszelle **65**, 84, 108, **135**
– Kurzname 84
– Name **28**, 35, 47, 84
– Produktionszelle **65**, 84, 101, **137**
– zellenübergreifend 35, 46
Zugriffsrecht **10**, 13, 39, 77, 86, 104,
  110, 123

Springer und Umwelt